河边事件

Hé biān shìjiàn

Incident on the River

王绮姮

Winnie Wang

Author

For information and contact: www.hsk.academy

ISBN : 9798750577378

FOREWORD

This bilingual graded reader is designed for learners of Mandarin Chinese as well as for the HSK test candidates. Its vocabulary comes from the 600 most common Chinese words. These words and characters are those required to pass the Chinese proficiency test HSK of level 3.

The complete list of words and characters used in this book is available with audio pronunciation at **www.hsk.academy**

This book offers Chinese simplified characters, pinyin and English translation one after the other for each line of text or dialogue.

You can also find at the end the full story in Chinese characters (hanzi), in pinyin, and its English translation.

We hope you will find this story interesting, useful, and short enough to be read again and again and be easily remembered.

CONTENTS

献给一直支持我的家人感谢我的家人的支持，还有我的朋友
Jerome Van Gastel 对我一如既往的信任与鼓励

I dedicate this book to my family: thank you for your warm support
I also thank Jerome Van Gastel for his continual trust and encouragement

河边事件

Hé biān shìjiàn

Incident on the River

1. 小月一家

Xiǎoyuè yījiā

Xiaoyue's family

这是一个关于小月的故事。

Zhè shì yīgè guānyú Xiǎoyuè de gùshì.

This is the story of a girl called Xiaoyue.

九月的一天早上，太阳出来了，是个晴天。

Jiǔ yuè de yītiān zǎoshang, tàiyáng chūlái le, shìgè qíngtiān.

One morning in September, the sun was up in the sky. It was a clear day.

小月一家住在北京的一个老房子里，房子已经有很长的历史了，小月的爷爷都是在这里结婚的。

Xiǎoyuè yījiā zhù zài běijīng de yīgè lǎo fángzi lǐ, fángzi yǐjīng yǒu hěn zhǎng de lìshǐle, Xiǎoyuè de yéyé dōu shì zài zhèlǐ jiéhūn de.

Xiaoyue's family lived in an ancient house in Beijing which had a long history, as Xiaoyue's grandfather had married there.

北京是中国的北方城市，有春、夏、秋、冬四个季节：冬冷夏热春天秋天舒服。

Běijīng shì zhōngguó de běifāng chéngshì, yǒu chūn, xià, qiū, dōng sì gè jìjié: Dōng lěngxià rè chūntiān qiūtiān shūfú.

Beijing is a city in Northern China with four (distinct) seasons, spring, summer, autumn, and winter: winter is cold, summer is hot, while spring and autumn are pleasant.

小月一家住的房子虽然没有空调，但是冬天不冷，夏天也不热。

Xiǎoyuè yī jiāzhù de fángzi suīrán méiyǒu kòng diào, dànshì dōngtiān bù lěng, xiàtiān yě bù rè.

Xiaoyue's house did not have a heater or air conditioning but it was neither cold in winter, nor hot in summer.

她一家人很喜欢这个房子，在这里过得很快乐。

Tā yī jiārén hěn xǐhuān zhège fángzi, zài zhèlǐguò dé hěn kuàilè.

Her family liked this house very much, where they led a happy life.

她现在和弟弟、爸爸、妈妈、爷爷住在一起，他们还有一只小猫。

Tā xiànzài hé dìdì, bàba, māmā, yéyé zhù zài yīqǐ, tāmen hái yǒuyī zhǐ xiǎo māo.

She lived with her brother, father, mother, grandpa, along a kitten.

她弟弟的名字叫小冬，今年十二岁，他比她小两岁。

Tā dìdì de míngzì jiào Xiǎodōng, jīnnián shí'èr suì, tā bǐ tā xiǎo liǎng suì.

Her brother was called Xiaodong, who was going to be twelve years old that year. He was two years younger than her.

小月住的房子前面有一个院子，这个院子很大,种了很多花草。

Xiǎoyuè zhù de fángzi qiánmiàn yǒuyīgè yuànzi, zhège yuànzi hěn dà, zhǒngle hěnduō huācǎo.

There was a yard in front of Xiaoyue's house. This yard was very large. The family had planted a lot of flowers.

院子里有小苹果树，弟弟正在往树上爬，他想摘几个快红了的苹果给大家吃。

Yuànzi li yǒu xiǎo píngguǒ shù, dìdì zhèngzài wǎng shù shàng pá, tā xiǎng zhāi jǐ gè kuài hóngle de píngguǒ gěi dàjiā chī.

There was a small apple tree in the yard, which her younger brother Xiadong was climbing, as he wanted to pick a few red apples for everyone to eat.

爷爷喜欢在花园里锻炼，他最喜欢的运动是太极和去公园爬山。

Yéyé xǐhuān zài huāyuán lǐ duànliàn, tā zuì xǐhuān de yùndòng shì tàijí hé qù gōngyuán páshān.

Grandpa liked to exercise in the garden. His favorite sports were Tai Chi and walking in the parks.

现在他在花园里慢慢地打着太极，身体和手一起慢慢地向左边然后向右边动着。

Xiànzài tā zài huāyuán lǐ màn man de dǎzhe tàijí, shēntǐ hé shǒu yīqǐ màn man dì xiàng zuǒbiān ránhòu xiàng yòubiān dòngzhe.

He was practicing Tai Chi in the garden, his body and hands moving slowly from left to right.

小月在一旁听音乐，听到她喜欢的歌，她也跟着唱歌跳舞。

Xiǎoyuè zài yī pángtīng yīnyuè, tīng dào tā xǐhuān de gē, tā yě gēnzhe chànggē tiàowǔ.

Xiaoyue was listening to music, and when she heard her favorite song, she started singing and dancing.

在苹果树的后面有一个很大的花盆，其实那里面没有花，只有四条在水中游来游去的小鱼。

Zài píngguǒ shù de hòumiàn yǒuyīgè hěn dà de huā pén, qíshí nàlǐmiàn méiyǒu huā, zhǐyǒu sìtiáo zài shuǐzhōng yóu lái yóu qù de xiǎo yú.

There was a big flower pot behind the apple tree. There were no flowers within, but four small fish swimming in water.

还有一只小猫，小猫的名字叫“白雪”。白雪个头很小，还不到一公斤。

Hái yǒu yī zhǐ xiǎo māo, xiǎo māo de míngzì jiào “báixuě”. Báixuě gètóu hěn xiǎo, hái bù dào yī gōngjīn.

There was also a kitten, whose name was "White Snow". White Snow was tiny and she didn't even weigh one kilogram.

它就在旁边这样一动不动，它眼睛很大，嘴张开，安静地看着小鱼们。

Tā jiù zài pángbiān zhèyàng yī dòngbùdòng, tā yǎnjīng hěn dà, zuǐ zhāng kāi, ānjìng de kànzhe xiǎo yúmen.

She was standing still beside the flower pot, its eyes and mouth wide open, watching the little fish patiently.

弟弟小冬在一边玩着踢足球的游戏。

Dìdì Xiǎodōng zài yībiān wánzhe tī zúqiú de yóuxì.

Younger brother Xiaodong was playing football on the side.

过了一会儿，小月的爷爷已经打完太极了，他走进房间里，从冰箱里拿出一块蛋糕还有水果，放在花园里的小桌子上。

Guò le yīhuǐ'er, Xiǎoyuè de yéyé yǐjīng dǎ wán tàijíle, tā zǒu jìn fángjiān lǐ, cóng bīngxiāng lǐ ná chū yīkuài dàngāo hái yǒu shuǐguǒ, fàng zài huāyuán lǐ de xiǎo zhuōzi shàng.

After a while, Xiaoyue's grandpa finished practicing Tai Chi, and walked into the house, took a piece of cake and some fruits from the refrigerator, and put them on a small table in the garden.

爷爷叫小月和小冬休息一下吃点东西。他们听到爷爷叫他们，他们两个马上走过来，坐在他的旁边。

Yéyé jiào Xiǎoyuè hé Xiǎodōng xiūxí yīxià chī diǎn dōngxī. Tāmen tīng dào yéyé jiào tāmen, tāmen liǎng gè mǎshàng zǒu guòlái, zuò zài tā de pángbiān.

Grandpa asked Xiaoyue and Xiaodong to take a break and eat something. When they heard Grandpa calling them, the two of them immediately came over and sat next to him.

爷爷最喜欢给他们讲他小时候的事情，他看到了放在桌子上好吃的蛋糕，就开始讲：

Yéyé zuì xǐhuān gěi tāmen jiǎng tā xiǎoshíhòu de shìqíng, tā kàn dào le fàng zài zhuōzi shàng hào chī de dàngāo, jiù kāishǐ jiǎng:

Grandpa's favorite thing was to tell them about his childhood. He watched the delicious pastry on the table, and started to say:

“我以前小的时候，可没有蛋糕吃，买面必须拿着每月的面票去买。

“Wǒ yǐqián xiǎo de shíhòu, kě méiyǒu dàngāo chī, mǎi miàn bìxū názhe měi yuè de miàn piào qù mǎi.

"When I was little, there was no cake to eat, flour had to be bought with monthly ration coupons.

因为每个月每家只有很少的面票，所以我和哥哥姐姐们总是很饿。现在变化很大，生活也更简单了，我们再不会吃不饱。”

Yīnwèi měi gè yuè měi jiā zhǐyǒu hěn shǎo de miàn piào, suǒyǐ wǒ hé gēgē jiějiěmen zǒng shì hěn è. Xiànzài biànhuà hěn dà, shēnghuó yě gèng jiǎndānle, wǒmen zàibu huì chī bù bǎo. ”

Each month, families did not have enough flour coupons, so my brother, sister and I were always hungry. Now things have changed a lot, we're not going to go hungry anymore."

小月和小冬很喜欢听爷爷聊天，他们每次都可以学很多的东西。

Xiǎoyuè hé Xiǎodōng hěn xǐhuān tīng yéyé liáotiān, tāmen měi cì dōu kěyǐ xué hěnduō de dōngxī.

Xiaoyue and Xiaodong liked to listen to grandpa, they could learn a lot of things from those stories.

小月听到有飞机从附近机场起飞的声音。
Xiǎoyuè tīng dào yǒu fēijī cóng fùjìn jīchǎng qǐfēi de shēngyīn.
Xiaoyue heard the sound of planes taking off from the nearby airport.

这时候她看了一下时间，想起来下午在学校还有事情。
Zhè shíhòu tā kànle yīxià shíjiān, xiǎng qǐlái xiàwǔ zài xuéxiào hái yǒu shìqíng.
She looked at the time, there were still some activities at school this afternoon.

她要和同学们一起准备考试，还要写关于中国黄河和环境关系的作业。
Tā yào hé tóngxuémen yīqǐ zhǔnbèi kǎoshì, hái yào xiě guānyú zhōngguó huánghé hé huánjìng guānxì de zuòyè.
Along with her classmates, they wanted to prepare for their test, and work on their school project about the Yellow River of China and its surroundings.

她和爷爷弟弟说了再见，就走出家门。
Tā hé yéyé dìdì shuōle zàijiàn, jiù zǒuchū jiāmén.
So, she said goodbye to her grandfather and her brother, and left home.

2. 事件

Shìjiàn

The incident

她出家门口走不久就有一条河，这条河很短是不走船的。

Tā chū jiā ménkǒu zǒu bùjiǔ jiù yǒu yī tiáo hé, zhè tiáo hé hěn duǎn shì bù zǒu chuán de.

Right at the doorstep, there was a river, which was so short that there was no boats.

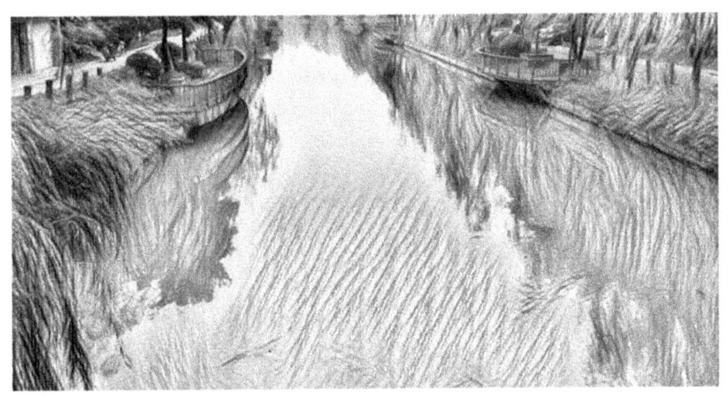

小月走一百米，再过一条街道，就可以到学校了。

Xiǎoyuè zǒu yībǎi mǐ, zàiguò yītiáo jiēdào, jiù kěyǐ dào xuéxiào le.

Xiaoyue walked a hundred meters, crossed another street, and was close to reaching her school.

她一边走一边想着，她忘记带词典了,打算回家去拿，可是又在想这样的话会不会上学迟到。

Tā yībiān zǒu yībiān xiǎngzhe, tā wàngjì dài cídiǎn le, dǎsuàn huí jiā qù ná, kěshì yòu zài xiǎng zhèyàng dehuà huì bù huì shàngxué chídào.

She was thinking during the walk that she had forgotten to bring her dictionary, she considered to going back home to get it, but she might be late for school then.

正在她想着的那一刻，突然听到有人在叫"啊"，她马上回头看，看到一位很瘦的老奶奶在河里。

Zhèngzài tā xiǎngzhe dì nà yīkè, túrán tīng dào yǒurén zài jiào "a", tā mǎshàng huítóu kàn, kàn dào yī wèi hěn shòu de lǎo nǎinai zài hé lǐ.

While she was lost in thought, she suddenly heard someone calling. She looked back immediately, and saw a very thin grandma in the river.

还好因为河的水位不高，所以老奶奶只有一多半身体在里面。

Hái hǎo yīnwèi hé de shuǐwèi bù gāo, suǒyǐ lǎo nǎinai zhǐyǒu yīduōbàn shēntǐ zài lǐmiàn.

Fortunately, the water level was not high. The grandmother only had half of her body inside.

小月飞快地跑过去，在河边，她双手拉住老奶奶冰冰的手，帮老奶奶慢慢地从水里出来。

Xiǎoyuè fēikuài dì pǎo guòqù, zài hé biān, tā shuāngshǒu lā zhù lǎo nǎinai bīngbīng de shǒu, bāng lǎo nǎinai màn man de cóng shuǐ lǐ chūlái.

Xiaoyue ran quickly, stood by the river, grabbed the grandma's cold hands in her own, and slowly helped her out of the water.

她着急地问："老奶奶，您还好吗？有哪里不舒服或者哪里疼吗？"

Tā zhāojí de wèn: "Lǎo nǎinai, nín hái hǎo ma? Yǒu nǎlǐ bú shūfú huòzhě nǎlǐ téng ma? "

She asked anxiously: "Grandma, are you alright? Do you feel any discomfort or pain? "

老奶奶坐在地上，水还在身上像洗澡了一样，鼻子也红红的，她哭着没有回答小月。

Lǎo nǎinai zuò zài dìshàng, shuǐ hái zài shēnshang xiàng xǐzǎole yīyàng, bízi yě hóng hóng de, tā kūzhe méiyǒu huídá Xiǎoyuè.

The old lady sat on the ground, wet as if she had taken a bath, her nose red. She started crying and did not answer Xiaoyue's question.

正在这时，有一位骑着自行车的叔叔看到了她们，他把自行车放在一边后跑过来，他问小月："小朋友还好吗？需要帮助吗？"

Zhèngzài zhè shí, yǒu yī wèi qízhe zìxíngchē de shūshu kàn dào le tāmen, tā bǎ zìxíngchē fàng zài yībiān hòu pǎo guòlái, tā wèn Xiǎoyuè: "Xiǎo péngyǒu hái hǎo ma? Xūyào bāngzhù ma? "

At this moment, an old man riding a bicycle saw them, put the bicycle aside, ran over, and asked Xiaoyue : "Hi girl, are you okay? Do you need help?"

小月问："叔叔，您有手机吗？我们需要打电话叫一辆出租车去医院。"

Xiǎoyuè wèn: "Shūshu, nín yǒu shǒujī ma? Wǒmen xūyào dǎ diànhuà jiào yī liàng chūzū chē qù yīyuàn. "

Xiaoyue asked: "Uncle, do you have a cell phone? We need to call a taxi to go to the hospital. "

叔叔回答到"我有手机，马上就打。"

Shūshu huídá dào "wǒ yǒu shǒujī, mǎshàng jiù dǎ."

The uncle replied, "I have a cell phone, I will call right away."

等了两分钟后，出租车就到了，司机也出来帮忙。

Děngle liǎng fēnzhōng hòu, chūzū chē jiù dào le, sījī yě chūlái bāngmáng.

After waiting for two minutes, the taxi arrived, and the driver came out to help.

司机叔叔把自己的外衣脱下来给奶奶穿上，

Sījī shūshu bǎ zìjǐ de wàiyī tuō xiàlái gěi nǎinai chuān shàng,

The driver took off his jacket and put it on the grandma's shoulders.

大家马上把奶奶送到车里，小月坐在奶奶的旁边，奶奶看起来很不舒服，没有说话。

Dàjiā mǎshàng bǎ nǎinai sòng dào chē lǐ, Xiǎoyuè zuò zài nǎinai de pángbiān, nǎinai kàn qǐlái hěn bú shūfú, méiyǒu shuōhuà.

Everyone immediately helped the grandma into the taxi, Xiaoyue sat next to the grandmother. She did not seem to feel well and did not talk.

她们等了一会儿，医生来了,他了解了一下事情的起因，就开始检查了。

Tāmen děngle yīhuǐ'er, yīshēng lái le, tā liǎojiěle yīxià shìqíng de qǐyīn, jiù kāishǐ jiǎnchá le.

After they waited for a while, a doctor came. He understood the situation and began to examine his patient.

小月坐在房间门口，她很担心奶奶身体健康问题，她也不年轻了，希望不会有事情。

Xiǎoyuè zuò zài fángjiān ménkǒu, tā hěn dānxīn nǎinai shēntǐ jiànkāng wèntí, tā yě bù niánqīng le, xīwàng bù huì yǒu shìqíng.

Xiaoyue sat at the door of the room, she was very worried about the grandmother's health, she was not young anymore, Xiaoyue hoped nothing bad would happen.

虽然她还不认识奶奶，但是不知道为什么，心里还是有点难过，等了大约四十分钟，医生出来了。

Suīrán tā hái bù rènshí nǎinai, dànshì bù zhīdào wèishéme, xīnlǐ háishì yǒudiǎn nánguò, děngle dàyuē sìshí fēnzhōng, yīshēng chūlái le.

Although she did not know the grandma, she felt very sad without knowing why. After forty minutes of waiting, the doctor came out.

他和小月说“老人没事了，还有有点发烧，主要是衣服湿了后引起感冒，需要住在医院休息几天。”

Tā hé Xiǎoyuè shuō “lǎorén méishì le, hái yǒu yǒudiǎn fāshāo, zhǔyào shi yīfú shīle hòu yǐnqǐ gǎnmào, xūyào zhù zài yīyuàn xiūxí jǐ tiān. ”

He told Xiaoyue, "The lady is fine. She has a little fever, mainly because her clothes got wet and caused a cold. She needs to stay in the hospital for a few days. "

医生又问“你认识这位老人的家人吗？”

Yīshēng yòu wèn “nǐ rènshí zhè wèi lǎorén de jiā rén ma? ”

The doctor asked again, "Do you know this lady's family?"

小月回答到: “不认识。”

Xiǎoyuè huídá dào: “bù rènshí.”

Xiaoyue replied: "I don't know."

医生说: “刚才我问了一下她为什么会落入水中，但是她已经忘记了。

Yīshēng shuō: “Gāngcái wǒ wènle yīxià tā wèishéme huì luò rù shuǐzhōng, dànshì tā yǐjīng wàngjì le.

The doctor said: "I just asked her why she fell into the water, but she has forgotten.

她只是和我说了家住在哪里和家里有谁。她说家里还有她的丈夫，我都写下来了”。

Tā zhǐshì hé wǒ shuōle jiāzhù zài nǎlǐ hé jiā li yǒu shéi. Tā shuō jiālǐ hái yǒu tā de zhàngfū, wǒ dū xiě xiàlái le”.

She simply told me where her family lives and who they are. She said her husband was home. I have written all the information down".

医生接下来又说：“你这位同学这么愿意帮助别人，这么热情，这次太谢谢你了!

Yīshēng jiē xiàlái yòu shuō: “Nǐ zhè wèi tóngxué zhème yuànyì bāngzhù biérén, zhème rèqíng, zhè cì tài xièxiè nǐ le!

The doctor continued: «You are a student who is willing to help other people. This is very kind. Thank you so much!

我和同事们半个小时后要参加一个会议,等一下会让我的同事去她家看一下。对了，你的名字叫什么? ”

Wǒ hé tóngshìmen bàn gè xiǎoshíhòu yào cānjiā yīgè huìyì, děng yīxià huì ràng wǒ de tóngshì qù tā jiā kàn yīxià. Duì le, nǐ de míngzì jiào shénme? ”

I am going to a meeting in half an hour. Wait a moment, my colleague will go to her house. By the way, what is your name? "

小月回答“我姓千，千小月，大家都叫我小月。

Xiǎoyuè huídá “wǒ xìng qiān, qiān Xiǎoyuè, dàjiā dōu jiào wǒ Xiǎoyuè.

Xiaoyue replied, "My surname is Qian, Qian Xiaoyue, but everyone calls me Xiaoyue.

我可以去奶奶家看一下，如果看到她的丈夫在家，我可以跟他说一下奶奶的事情。”

Wǒ kěyǐ qù nǎinai jiā kàn yīxià, rúguǒ kàn dào tā de zhàngfū zàijiā, wǒ kěyǐ gēn tā shuō yīxià nǎinai de shìqíng. ”

I can go to grandma's house and have a look. If I see her husband at home, I can tell him about grandma. "

医生听到这里说:“那好吧，今天大家都很忙，那就谢谢你的帮助了！”

Yīshēng tīng dào zhèlǐ shuō: “Nà hǎo ba, jīntiān dàjiā dōu hěn máng, nà jiù xièxiè nǐ de bāngzhù le! ”

When hearing this, the doctor said: "That would be great, today everyone is very busy, thanks a lot for your help! "

医生说完把写有奶奶家住的地方的纸条给了小月，小月谢过医生坐电梯离开医院。

Yīshēng shuō wán bǎ xiě yǒu nǎinai jiāzhù dì dìfāng de zhǐ tiáo gěile Xiǎoyuè, Xiǎoyuè xièguò yīshēng zuò diàntī líkāi yīyuàn.

After the doctor finished, he gave Xiaoyue a note with the grandma's address on it. Xiaoyue thanked the doctor and took the elevator to leave the hospital.

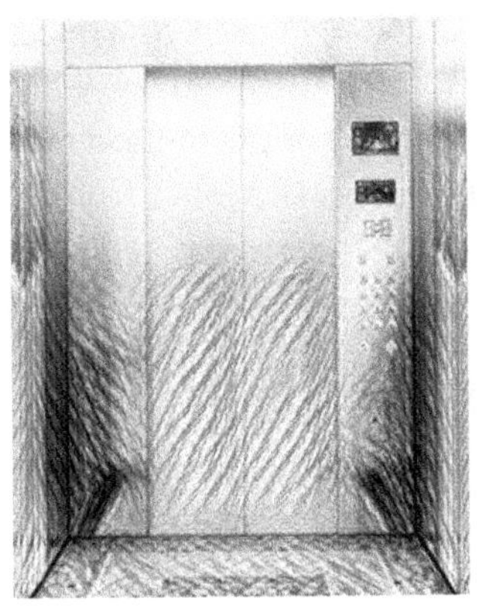

3. 奶奶的家

Nǎinai de jiā

Grandma's home

她看了一下纸条，发现奶奶的家离自己的家很近，就在小月家旁边的那条街道上。

Tā kànle yīxià zhǐ tiáo, fāxiàn nǎinai de jiā lí zìjǐ de jiā hěn jìn, jiù zài Xiǎoyuè jiā pángbiān dì nà tiáo jiēdào shàng.

She looked at the note, and found out that Grandma's home was very close to her own home, right on the street next to Xiaoyue's place.

外面开始刮风下雨了，小月拿出雨伞，来到了附近的地铁站。

Wàimiàn kāishǐ guā fēng xià yǔle, Xiǎoyuè ná chū yǔsǎn, lái dào le fùjìn dì dìtiě zhàn.

Outside, it was starting to rain and the wind was blowing. Xiaoyue took out her umbrella, and went to the nearby subway station.

坐了四站就到了，小月又看一下地铁站的地图，根据地图她走了不远就到了。

Zuòle sì zhàn jiù dào le, Xiǎoyuè yòu kàn yīxià dìtiě zhàn dì dìtú, gēnjù dìtú tā zǒu liǎo bù yuǎn jiù dào le.

After four stops she had arrived. Xiaoyue checked the map of the subway station. According to it, she was not far.

她来到了奶奶的房子面前，看了一下门口上刻的号码，"就是这里！"，小月自己和自己说。

Tā lái dào le nǎinai de fángzi miànqián, kànle yīxià ménkǒu shàngkè de hàomǎ, "jiùshì zhèlǐ! ", Xiǎoyuè zìjǐ hé zìjǐ shuō.

She arrived at grandma's house, and looked at the number on the door. "This is it!", Xiaoyue said to herself.

小月敲了一下门，一位胖胖的爷爷出来开门了，爷爷看到她感到有点奇怪，心里想这个小妹妹来我这里做什么?

Xiǎoyuè qiāole yīxià mén, yī wèi pàng pàng de yéyé chūlái kāiménle, yéyé kàn dào tā gǎndào yǒudiǎn qíguài, xīnlǐ xiǎng zhège xiǎo mèimei lái wǒ zhèlǐ zuò shénme?

Xiaoyue knocked on the door. The door opened, revealing a chubby grandpa. The grandpa seemed suprised to see her, wondering why this young girl was coming to see him.

小月马上说到：“您好，爷爷，请问您的妻子是叫黄喂蓝吗？她今天是不是穿着红色的上衣和黑色的裤子？”

Xiǎoyuè mǎshàng shuō dào: “Nín hǎo, yéyé, qǐngwèn nín de qīzi shì jiào huáng wèi lán ma? Tā jīntiān shì bùshì chuānzhuó hóngsè de shàngyī hé hēisè de kùzi? ”

Xiaoyue immediately said: "Hello, Grandpa, is your wife called Huang Huanglan? And today was she wearing a red top and black pants? "

爷爷回答：“是，她就是我的妻子，她习惯带小狗早上出去。今天，她和小狗出去，好长时间没有回来。

Yéyé huídá: “Shì, tā jiùshì wǒ de qīzi, tā xíguàn dài xiǎo gǒu zǎoshang chūqù. Jīntiān, tā hé xiǎo gǒu chūqù, hǎo cháng shíjiān méiyǒu huílái.

Grandpa replied: "Yes, she is my wife, she likes to walk our dog in the morning. Today she went out with the dog but didn't back come back.

小狗先回来的，我害怕她有什么事情，正在担心。”

Xiǎo gǒu xiān huílái de, wǒ hàipà tā yǒu shé me shìqíng, zhèngzài dānxīn. ”

Our dog returned without her and I'm afraid that something happened to her, I am really worried. "

小月说：“爷爷您不用担心，奶奶刚才不小心落入水中，我上学路过，已经把奶奶送到医院检查过了。

Xiǎoyuè shuō: “Yéyé nín bùyòng dānxīn, nǎinai gāngcái bù xiǎoxīn luò rù shuǐzhōng, wǒ shàngxué lùguò, yǐjīng bǎ nǎinai sòng dào yīyuàn jiǎncháguòle.

Xiaoyue said: "Grandpa, there is no need to worry. Grandma fell into the water accidentally, while I was passing by on my way to school. She was taken to the hospital for a check up.

她现在没事了，也没有生病，只是有点发烧，医生已经给她吃药了。”

Tā xiànzài méishì le, yě méiyǒu shēngbìng, zhǐshì yǒudiǎn fāshāo, yīshēng yǐjīng gěi tā chī yào le. ”

She is fine now, she is not sick, just a little fever, and the doctor has already given her medicine. "

爷爷马上说到：“那真是太谢谢你了！那个医院在哪儿？你能带我去那个医院吗？”

Yéyé mǎshàng shuō dào: “Nà zhēnshi tài xièxiè nǐ le! Nàgè yīyuàn zài nǎ'er? Nǐ néng dài wǒ qù nàgè yīyuàn ma?”

Grandpa replied at once: "Thank you so much! Where is this hospital? Could you take me there?"

小月说：“当然可以！医院就在国家图书馆。”

Xiǎoyuè shuō: “Dāngrán kěyǐ! Yīyuàn jiù zài guójiā túshū guǎn.”

Xiaoyue said, "Of course! The hospital is just next to the National Library."

爷爷又说到：“等一下，我去给她拿两件干净的衣服。”

Yéyé yòu shuō dào: “Děng yīxià, wǒ qù gěi tā ná liǎng jiàn gānjìng de yīfú.”

Grandpa added: "Wait, I'll get her two sets of clean clothes."

爷爷走进房间，换了一件衬衫，拿了一个行李箱，往里面放了几件衣服，牙刷，还有筷子，然后又拿了一张信用卡、护照和钱。

Yéyé zǒu jìn fángjiān, huànle yī jiàn chènshān, nále yīgè xínglǐ xiāng, wǎng lǐmiàn fàngle jǐ jiàn yīfú, yáshuā, hái yǒu kuàizi, ránhòu yòu nále yī zhāng xìnyòngkǎ, hùzhào hé qián.

Grandpa walked into the room, changed his shirt, took a suitcase, and put some clothes inside, as well as a toothbrush, and a pair of chopsticks. Then he added a credit card, a passport and some money.

4. 在医院

Zài yīyuàn

At the hospital

然后他们坐上车，路过附近的一个公园和银行，路边的银行刚刚开门。

Ránhòu tāmen zuò shàng chē, lùguò fùjìn de yīgè gōngyuán hé yínháng, lù biān de yínháng gānggāng kāimén.

They took a taxi. On the way, they passed by a bank which had just opened its doors.

经理先生和银行小姐还有服务员们在门口正在欢迎着客人。

Jīnglǐ xiānshēng hé yínháng xiǎojiě hái yǒu fúwùyuánmen zài ménkǒu zhèngzài huānyíngzhe kèrén.

A Manager and a bank clerk were welcoming their customers at the door.

出租车很快地来到了医院住院区。他们来到奶奶住的房间，看到医生和奶奶在说话。

Chūzū chē hěn kuài dì lái dào le yīyuàn zhùyuàn qū. Tāmen lái dào nǎinai zhù de fángjiān, kàn dào yīshēng hé nǎinai zài shuōhuà.

The taxi arrived to the hospital and they headed to the inpatient area. They reached the room where grandma was staying and saw that the doctor was talking with grandma.

爷爷介绍了自己，医生说奶奶已经好多了，又对爷爷和小月说：

Yéyé jièshàole zìjǐ, yīshēng shuō nǎinai yǐjīng hǎoduōle, yòu duì yéyé hé Xiǎoyuè shuō:

The grandpa introduced himself. The doctor said that his wife was already feeling much better, and said to Xiaoyue and him:

“她刚才终于想起来了，她说是她自己不小心，家里的小狗不听话在河边自己跑，她在追狗的时候不小心掉入水中。
“Tā gāngcái zhōngyú xiǎng qǐlái le, tā shuō shì tā zìjǐ bù xiǎoxīn, jiālǐ de xiǎo gǒu bù tīnghuà zài hé biān zìjǐ pǎo, tā zài zhuī gǒu de shíhòu bù xiǎoxīn diào rù shuǐzhōng.
"Just now she finally remembered what happened. She said she did not pay attention. Your house puppy was disobedient and has run by the river, and then she accidentally fell into the water while chasing the dog.

她在水里的时候很害怕，脚也有点疼，需要休息几天。”
Tā zài shuǐ lǐ de shíhòu hěn hàipà, jiǎo yě yǒudiǎn téng, xūyào xiūxí jǐ tiān.”
She got scared when she was in the water. Her feet hurt a little, she will need to rest for a few days. "

奶奶这时候用很小的声音说：“也不知道我们的狗现在怎么样了？”
Nǎinai zhè shíhòu yòng hěn xiǎo de shēngyīn shuō: “Yě bù zhīdào wǒmen de gǒu xiànzài zěnme yàngle?”
Grandma said in a small voice: "I don't know what happened to our dog?"

爷爷马上回答到：“你不用担心，狗狗已经自己跑回家了！”
Yéyé mǎshàng huídá dào: “Nǐ bùyòng dānxīn, gǒu gǒu yǐjīng zìjǐ pǎo huí jiā le!”
Grandpa immediately answered: "You do not need to worry, the dog ran home by itself! "

医生对奶奶说：“这样就太好了，您好好休息吧！只有好好休息，才可以好得快。”

Yīshēng duì nǎinai shuō: “Zhèyàng jiù tài hǎo le, nín hǎohǎo xiūxí ba! Zhǐyǒu hǎohǎo xiūxí, cái kěyǐ hǎo dé kuài.”

The doctor told grandma: "This is great, have a good rest! It is only if you have a good rest that you will recover soon"

然后又跟小月说:“今天你应该上学吧？可以把你们学校的电子邮件地址给我吗？

Ránhòu yòu gēn Xiǎoyuè shuō: “Jīntiān nǐ yīnggāi shàngxué ba? Kěyǐ bǎ nǐmen xuéxiào de diànzǐ yóujiàn dìzhǐ gěi wǒ ma?

Then he said to Xiaoyue: "Were you supposed to go to school today? Can you give me your school email address?

我一会儿用电脑上网，我想跟你们校长说一下今天你帮助奶奶的事，帮你请假！”

Wǒ yīhuǐ'er yòng diànnǎo shàngwǎng, wǒ xiǎng gēn nǐmen xiàozhǎng shuō yīxià jīntiān nǐ bāngzhù nǎinai de shì, bāng nǐ qǐngjià!”

I will use my computer later. I want to tell your headmaster about what you did for grandma today, in order to help you justify your absence!"

小月笑着说：“好的，谢谢你！”
Xiǎoyuè xiàozhe shuō: “Hǎo de, xièxiè nǐ! ”
Xiaoyue smiled and said: "Thank you!"

医生说：“不客气！”
Yīshēng shuō: “Bù kèqì! ”
The doctor replied: "You're welcome!"

医生走后，小月和爷爷奶奶聊了聊自己的学校，爷爷又问小月最感兴趣学什么？
Yīshēng zǒu hòu, Xiǎoyuè hé yéyé nǎinai liáole liáo zìjǐ de xuéxiào, yéyé yòu wèn Xiǎoyuè zuì gǎn xìngqù xué shénme?
After the doctor left, Xiaoyue chatted with the grandparents about her school. Grandpa asked what Xiaoyue was most interested in learning.

小月说是数学和汉语；还问小月最喜欢读什么书？
Xiǎoyuè shuō shì shùxué hé hànyǔ; hái wèn Xiǎoyuè zuì xǐhuān dú shénme shū?
Xiaoyue answered mathematics and Chinese. They also asked what books Xiaoyue liked most.

小月回答是和中国文化有关的书；她又说：“我最近看了一本关于世界动物的书，里面有很多漂亮的照片，还有大熊猫。”
Xiǎoyuè huídá shì hé zhōngguó wénhuà yǒuguān de shū; tā yòu shuō: “Wǒ zuìjìn kànle yī běn guānyú shìjiè dòngwù de shū, lǐmiàn yǒu hěnduō piàoliang de zhàopiàn, hái yǒu dà xióngmāo. ”
Xiaoyue replied that she liked books related to Chinese culture. She also added: "I recently read a book about animals of the world. It contains many beautiful photos. There are also giant pandas. "

爷爷又问：“你有什么爱好？”
Yéyé yòu wèn: “Nǐ yǒu shé me àihào?”
Grandpa asked again: "What are your hobbies?"

小月回答：“我不但喜欢画画和旅游，而且喜欢游泳。特别是游泳，游得不是很差，去年开始游得很多。”
Xiǎoyuè huídá: “Wǒ bùdàn xǐhuān huà huà hé lǚyóu, érqiě xǐhuān yóuyǒng. Tèbié shì yóuyǒng, yóu dé bùshì hěn chà, qùnián kāishǐ yóu dé hěnduō.”
Xiaoyue answered: "I not only like painting and traveling, but also swimming. My swimming in particular is not bad. I have been swimming a lot since last year."

小月又说想过留学的事情，她长大了会去做。
Xiǎoyuè yòu shuō xiǎngguò liúxué de shìqíng, tā zhǎng dà le huì qù zuò.
Xiaoyue said she was considering studying abroad, when she was older.

这时候，医院厨房阿姨进来了，给奶奶送晚饭。
Zhè shíhòu, yīyuàn chúfáng āyí jìnlái le, gěi nǎinai sòng wǎnfàn.
At this moment, one of the hospital's kitchen staff came to give grandma her dinner.

阿姨说：“今天晚饭菜单是：羊肉、米饭、鸡蛋、面包、香蕉和新鲜的西瓜；饮料是：茶、咖啡和牛奶。”
Āyí shuō: “Jīntiān wǎnfàn càidān shì: Yángròu, mǐfàn, jīdàn, miànbāo, xiāngjiāo hé xīnxiān de xīguā; yǐnliào shì: Chá, kāfēi hé niúnǎi.”
The woman announced: "Today's dinner menu is: lamb, rice, eggs, bread, bananas and fresh watermelon. The drinks are: tea, coffee or milk"

阿姨问奶奶：“您想喝什么？”
Āyí wèn nǎinai: “Nín xiǎng hē shénme?”
She asked the grandma: "What would you like to drink?"

奶奶回答到：“牛奶，谢谢！”
Nǎinai huídá dào: “Niúnǎi, xièxiè!”
Grandma replied: "Milk, thank you!"

阿姨又给了奶奶一个盘子、一个碗和一个杯子，然后就离开了。
Āyí yòu gěile nǎinai yīgè pánzi, yīgè wǎn hé yīgè bēizi, ránhòu jiù líkāi le.
She gave grandma a plate, a bowl and a cup and then left.

小月注意到外面天已经黑了，她看了一下手表，已经八点了，她对爷爷说：“对不起，有点晚了，我先走了，您好好照顾奶奶吧！”
Xiǎoyuè zhùyì dào wàimiàn tiān yǐjīng hēile, tā kànle yīxià shǒubiǎo, yǐjīng bā diǎnle, tā duì yéyé shuō: “Duìbùqǐ, yǒudiǎn wǎnle, wǒ xiān zǒule, nín hǎohǎo zhàogù nǎinai ba!”
Xiaoyue noticed that it was already dark outside, and looked at her watch. It was eight o'clock already, she said to Grandpa: "I'm sorry, it's a little late, I will leave, take care of grandma! "

爷爷说：“请等一下！我们觉得今天能遇到你真是太好了，一定要一起照张相！”
Yéyé shuō: “Qǐng děng yīxià! Wǒmen juédé jīntiān néng yù dào nǐ zhēnshi tài hǎo le, yīdìng yào yīqǐ zhào zhāng xiāng!”
Grandpa said: "Please wait! We think it was great to meet you today, let's take a picture together! "

爷爷拿出手机，用手机里的照相机照了一张相。
Yéyé ná chū shǒujī, yòng shǒujī lǐ de zhàoxiàngjī zhàole yī zhāng xiāng.
Grandpa took out his mobile phone, and took a picture with the camera on his phone.

爷爷看了一下照片，奶奶说：“我认为你真是个可爱的孩子，今天真是太谢谢你了！

Yéyé kànle yīxià zhàopiàn, nǎinai shuō: “Wǒ rènwéi nǐ zhēnshi gè kě'ài de háizi, jīntiān zhēnshi tài xièxiè nǐ le!

Grandpa looked at the photo. Grandma said: "I think you really are a lovely child. Thank you so much for today!

我们有一个儿子和一个女儿，但是他们不经常来。你可以多来家里看我们。

Wǒmen yǒu yīgè er zi hé yīgè nǚ'ér, dànshì tāmen bù jīngcháng lái. Nǐ kěyǐ duō lái jiālǐ kàn wǒmen.

We have a son and a daughter, but they don't come to visit often. You can come and visit us often."

小月笑了笑说：“好！这是我应该做的。”

Xiǎoyuè xiàole xiào shuō: “Hǎo! Zhè shì wǒ yīnggāi zuò de.”

Xiaoyue smiled and said: "Okay! This is what I should do. "

小月回答：“我们住得很近，以后可以经常见面！”

Xiǎoyuè huídá: “Wǒmen zhù dé hěn jìn, yǐhòu kěyǐjīngcháng jiànmiàn!”

She added: "We live very close from each other, we can meet often in the future! "

小月戴上了帽子，整理了一下头发，然后去了洗手间洗手。

Xiǎoyuè dài shàngle màozi, zhěnglǐle yīxià tou fā, ránhòu qùle xǐshǒujiān xǐshǒu.

Xiaoyue put on her hat and tidied her hair, then went to the bathroom to wash her hands.

5. 太晚了

Tài wǎnle

Too late

小月走出医院，天已经黑了下来，月亮已经出来了。她非常高兴地回到家里。

Xiǎoyuè zǒuchū yīyuàn, tiān yǐjīng hēile xiàlái, yuèliàng yǐjīng chūlái le. Tā fēicháng gāoxìng de huí dào jiālǐ.

Xiaoyue walked out of the hospital. It was already dark, and the moon was already visible. She was very happy to return home.

她心里想爸爸妈妈一定特别生气，因为我没有去上学，又错过了重要的中文考试，又那么晚才回家。

Tā xīnlǐ xiǎng bàba māmā yīdìng tèbié shēngqì, yīnwèi wǒ méiyǒu qù shàngxué, yòu cuòguòle zhòngyào de zhōngwén kǎoshì, yòu nàme wǎn cái huí jiā.

But she thought that her parents might be upset, because she hadn't gone to school, and missed an important Chinese exam. She came back home very late.

小月进家的时候，他们正在看他们最喜欢的电视节目。

Xiǎoyuè jìn jiā de shí hòu, tāmen zhèngzài kàn tāmen zuì xǐhuān de diànshì jiémù.

When Xiaoyue entered her home, her parents were watching their favorite TV program.

小月说：“妈妈，对不起，我今天没有去上学。”

Xiǎoyuè shuō: “Māmā, duìbùqǐ, wǒ jīntiān méiyǒu qù shàngxué. ”

Xiaoyue said: "Mummy, I'm sorry, I didn't go to school today."

妈妈回答：“我知道你的意思。没关系！你们年级的老师下午给我的办公室去电话了。

Māmā huídá: “Wǒ zhīdào nǐ de yìsi. Méiguānxì! Nǐmen niánjí de lǎoshī xiàwǔ gěi wǒ de bàngōngshì qù diànhuàle.

Mummy replied: "I know what you mean, and it's fine! Your teacher called my office this afternoon.

虽然你今天没有去上学，影响了你的今天下午的中文考试，但是你没有做错，我们很满意你解决办法。”

Suīrán nǐ jīntiān méiyǒu qù shàngxué, yǐngxiǎngle nǐ de jīntiān xiàwǔ de zhōngwén kǎoshì, dànshì nǐ méiyǒu zuò cuò, wǒmen hěn mǎnyì nǐ jiějué bànfǎ. ”

Although you didn’t go to school today, and it affected your Chinese exam this afternoon, you did nothing wrong, and we are very proud with what you did. "

妈妈又关心地问到小月：“你累了吧？”

Māmā yòu guānxīn dì wèn dào Xiǎoyuè: “Nǐ lèi le ba? ”

Mom asked Xiaoyue: "You must be tired, aren't you?"

小月回答：“我不累，就是口渴。”

Xiǎoyuè huídá: “Wǒ bù lèi, jiùshì kǒu kě.”

Xiaoyue replied: "I'm not tired, I'm thirsty."

妈妈又说：“明天还要早些起床去学校上课，吃完饭早一点儿去睡觉吧！对了，你还记得明天是个什么节日吧？”

Māmā yòu shuō: “Míngtiān hái yào zǎo xiē qǐchuáng qù xuéxiào shàng kè, chī wán fàn zǎo yīdiǎn er qù shuìjiào ba! Duì le, nǐ hái jìdé míngtiān shìgè shénme jiérì ba?”

Mom added: "Tomorrow you have to get up early to go to school. Go to bed early after dinner! By the way, do you remember what day is tomorrow?"

小月笑着回答：“当然记得！明天是我的生日呢！”

Xiǎoyuè xiàozhe huídá: “Dāngrán jìdé! Míngtiān shì wǒ de shēngrì ne!”

Xiaoyue answered with a smile: "Of course I remember! Tomorrow is my birthday!"

妈妈说：“希望明天晚上你和我们一起去“千万家”饭店吃饭，饭店就在邻居家旁边。

Māmā shuō: “Xīwàng míngtiān wǎnshàng nǐ hé wǒmen yīqǐ qù “qiān wàn jiā” fàndiàn chīfàn, fàndiàn jiù zài línjū jiā pángbiān.

Mom suggested: "We would like you to eat with us at the restaurant called 'One million people'. It is the one next to our neighbours' place.

还有，你爸爸很喜欢喝那里的啤酒，吃完饭我们可以一起去看电影。”

Hái yǒu, nǐ bàba hěn xǐhuān hē nà lǐ de píjiǔ, chī wán fàn wǒmen kěyǐ yīqǐ qù kàn diànyǐng.”

Your dad really enjoys their beer. After dinner, we can go to watch a movie!"

小月回答：“我同意。”
Xiǎoyuè huídá: “Wǒ tóngyì.”
Xiaoyue answered: " I agree"

妈妈又说：“我可能会在中午上班的休息时间去商店，去给你买生日礼物和其他的东西，你有没有决定想要什么生日礼物？”
Māmā yòu shuō: “Wǒ kěnéng huì zài zhōngwǔ shàngbān de xiūxí shíjiān qù shāngdiàn, qù gěi nǐ mǎi shēngrì lǐwù hé qítā de dōngxī, nǐ yǒu méiyǒu juédìng xiǎng yào shénme shēngrì lǐwù?”
Mom said: "I might go to the store during my lunch break, to buy your birthday gift and other things. Have you decided what birthday gift you want? "

小月回答：“我还不知道。”
Xiǎoyuè huídá: “Wǒ hái bù zhīdào.”
Xiaoyue answered: " I am not sure"

妈妈说：“你一直在穿的那双鞋已经旧了，也坏了，你想要换一双新的皮鞋吗？或者裙子？你不是那天想要一条裙子吗？”
Māmā shuō: “Nǐ yīzhí zài chuān dì nà shuāng xié yǐjīng jiùle, yě huàile, nǐ xiǎng yào huàn yīshuāng xīn de píxié ma? Huòzhě qúnzi? Nǐ bùshì nèitiān xiǎng yào yītiáo qúnzi ma?”
Mom said: "The old leather shoes you have been wearing are broken. Would you like to have a new pair? Or a dress? Didn't you mention that you wanted a new dress?"

小月回答：“哪个都可以，不要太贵的就好了。”
Xiǎoyuè huídá: “Nǎge dōu kěyǐ, bùyào tài guì de jiù hǎo le.”
Xiaoyue answered: " Anything would be good, I just don't want it to be too expensive"

妈妈大笑着回答：“不贵不贵，比较便宜！我和你爸爸心里很清楚，你除了学习成绩不错，也是个懂事又聪明的孩子。

Māmā dà xiàozhe huídá: “Bù guì bù guì, bǐjiào piányí! Wǒ hé nǐ bàba xīnlǐ hěn qīngchǔ, nǐ chúle xuéxí chéngjī bùcuò, yěshìgè dǒngshì yòu cōngmíng de háizi.

Mom replied with a laugh: "tI's not expensive, it's fairly affordable! Your father and I can feel that, in addition to your good academic performance, you are a wise and smart child.

很让妈妈和爸爸放心，我们相信你。”

Hěn ràng māmā hé bàba fàngxīn, wǒmen xiāngxìn nǐ. ”

Your dad and I have a lot of faith in you. We believe in you."

妈妈又说：“明天爸爸妈妈工作结束后，我们就去你爸爸公司旁边的那个饭店吧！

Māmā yòu shuō: “Míngtiān bàba māmā gōngzuò jiéshù hòu, wǒmen jiù qù nǐ bàba gōngsī pángbiān dì nàgè fàndiàn ba!

She added: "Tomorrow, after your Dad and I are done working, let's go to the restaurant next to your father's office!

就在离他公司很近的宾馆旁边，饭店很有名，那边的饭做得不错。

Jiù zài lí tā gōngsī hěn jìn de bīnguǎn pángbiān, fàndiàn hěn yǒumíng, nà biān de fàn zuò dé bùcuò.

Right by the hotel close to his office. This restaurant is very famous, the food over there is good.

还有，因为明天是你的生日，所以我们不要忘记在那边吃面条啊！好了，不多说了，你还有多少作业要做？”

Hái yǒu, yīn wéi míngtiān shì nǐ de shēngrì, suǒyǐ wǒmen bùyào wàngjì zài nà biān chī miàntiáo a! Hǎo le, bù duō shuōle, nǐ hái yǒu duōshǎo zuòyè yào zuò? ”

Since tomorrow is your birthday, let's not forget to eat noodles over there! Ok, that's all for today, How much homework do you still have to do? "

小月回答到：“我没有太多的作业要做，妈妈，我要回我的房间里复习去了，晚安！”

Xiǎoyuè huídá dào: “Wǒ méiyǒu tài duō de zuòyè yào zuò, māmā, wǒ yào huí wǒ de fángjiān lǐ fùxí qùle, wǎn'ān! ”

Xiaoyue replied: "There is not much homework to do, mom. I'll go to my room to study. Good night! "

6. 回到学校

Huí dào xuéxiào

Back to school

第二天早上是个星期五，天气非常好不是阴天，天空被刷成蓝蓝的颜色。

Dì èr tiān zǎoshang shì gè xīngqíwǔ, tiānqì fēicháng hǎo bùshì yīn tiān, tiānkōng bèi shuā chéng lán lán de yánsè.

The next morning, which was a Friday, the weather was nice, cloudless, the sky like a blue painting.

小月想在上学之前去跑跑步，因为她想在下半年提高比赛成绩和体育水平。

Xiǎoyuè xiǎng zài shàngxué zhīqián qù pǎo pǎobù, yīnwèi tā xiǎng zàixià bànnián tígāo bǐsài chéngjī hé tǐyù shuǐpíng.

Xiaoyue decided to go running before school. For the second semester, she was considering improving her running performance and Physical Education level.

她最近的比赛成绩不太好，跑得不够快，虽然不想得第一名，但是想提高一下。

Tā zuìjìn de bǐsài chéngjī bù tài hǎo, pǎo dé bùgòu kuài, suīrán bùxiǎng dé dì yī míng, dànshì xiǎng tígāo yīxià.

Her recent scores were not great, she did not run fast enough. She did not intend to become top of her class, she just wanted to improve.

小月拿起她喝水的瓶子，走出家门，她发现路上的灯已经关了。

Xiǎoyuè ná qǐ tā hē shuǐ de píngzi, zǒuchū jiāmén, tā fāxiàn lùshàng de dēng yǐ jīng guānle.

Xiaoyue picked up her bottle of water, went out of the house, and saw that the night lights on the road had already been turned off.

小月一共跑了六、七公里,最后经过了火车站，她终于完成了跑步，很高兴。

Xiǎoyuè yīgòng pǎole liù, qī gōnglǐ, zuìhòu jīngguò le huǒchē zhàn, tā zhōngyú wánchéngle pǎobù, hěn gāoxìng.

Xiaoyue ran a total of six or seven kilometers, she finally reached the train station, completed her run and felt very happy.

当她正打算回家，小月看见街角旁边的超市卖报纸。她有三元钱零钱，可以给爸爸买报纸。

Dāng tā zhèng dǎsuàn huí jiā, Xiǎoyuè kànjiàn jiējiǎo pángbiān de chāoshì mài bàozhǐ. Tā yǒusān yuán qián língqián, kěyǐ gěi bàba mǎi bàozhǐ.

She was planning to go home, when she saw that the supermarket next to the street corner was selling newspapers. She had three renminbi and used them to buy a newspaper for her dad.

回到家里，小月告诉爸爸给他买了报纸。

Huí dào jiālǐ, Xiǎoyuè gàosù bàba gěi tā mǎile bàozhǐ.

When she arrived home, Xiaoyue told her father that she had bought his newspaper.

然后她坐在椅子上，她的脸和耳朵都红红的。今天跑步跑得腿很累，也很饿。她吃了早饭，吃得很饱。

Ránhòu tā zuò zài yǐzi shàng, tā de liǎn hé ěrduǒ dōu hóng hóng de. Jīntiān pǎobù pǎo dé tuǐ hěn lèi, yě hěn è. Tā chīle zǎofàn, chī dé hěn bǎo.

Then she sat on a chair, face and ears all red. Today's run had been tiring, and she was hungry. She got breakfast and then felt very full.

小月刷牙后洗了澡，准备去上学。一般小月都是坐公共汽车去上学，今天上午她打算走路去。

Xiǎoyuè shuāyá hòu xǐle zǎo, zhǔnbèi qù shàngxué. Yībān Xiǎoyuè dōu shì zuò gōnggòng qìchē qù shàngxué, jīntiān shàngwǔ tā dǎsuàn zǒulù qù.

After brushing her teeth, Xiaoyue took a shower and was ready to go to school. Usually she took the public bus to go to school, but this morning she intended to walk.

出门那一刻，她看到妈妈正在打扫房间。

Chūmén nà yīkè, tā kàn dào māmā zhèngzài dǎsǎo fángjiān.

At the moment she was going out, she saw that her mother was doing room-cleaning.

妈妈个子不高，有点矮，不能打扫到冰箱上面，小月马上帮妈妈搬了一个小椅子过来，帮她站在椅子上面。

Māmā gèzi bù gāo, yǒudiǎn ǎi, bùnéng dǎsǎo dào bīngxiāng shàngmiàn, Xiǎoyuè mǎshàng bāng māmā bānle yīgè xiǎo yǐzi guòlái, bāng tā zhàn zài yǐzi shàngmiàn.

Her mother was not tall, even a little short, she couldn't clean the top of the refrigerator, so Xiaoyue brought a small chair so that her mother could stand on it.

然后她拿起书、笔记本和铅笔, 放在书包里，出了家门往南走。

Ránhòu tā ná qǐ shū, bǐjìběn hé qiānbǐ, fàng zài shūbāo lǐ, chū le jiā mén wǎng nán zǒu.

Then she grabbed her books, a notebook and a pencil and put them into her bag, then went out and headed south.

家门口有像二层楼一样高的树，上面有很多绿绿的叶子，小鸟也像唱歌一样，在树上甜甜地叫着。

Jiā ménkǒu yǒu xiàng èr céng lóu yīyàng gāo de shù, shàngmiàn yǒu hěnduō lǜlǜ de yèzi, xiǎo niǎo yě xiàng chànggē yīyàng, zài shù shàng tián tián de jiàozhe.

Next to her home were trees as high as a two-storey building, covered by many green leaves. Birds were singing, tweeting sweetly from the trees.

几乎快走到学校了，小月加快了脚步。几分钟后，她来到了学校，有很多男学生们正在一起打篮球。

Jīhū kuàizǒu dào xuéxiào le, Xiǎoyuè jiākuàile jiǎobù. Jǐ fēnzhōng hòu, tā lái dào le xuéxiào, yǒu hěnduō nán xuéshēngmen zhèngzài yīqǐ dǎ lánqiú.

As she got closer to her school, Xiaoyue quickened her pace. After a few minutes, she finally reached school. There were many boys playing basketball together.

小月走进了教室，和同学们说你好，这时她看到教室中间的黑板上写着"谢谢"两个字。后来老师也进来了，她对小月和同学们说：

Xiǎoyuè zǒu jìnle jiàoshì, hé tóngxuémen shuō nǐ hǎo, zhè shí tā kàn dào jiàoshì zhōngjiān de hēibǎn shàng xiězhe "xièxiè" liǎng gè zì. Hòulái lǎoshī yě jìnlái le, tā duì Xiǎoyuè hé tóngxuémen shuō:

Xiaoyue entered the classroom, said hello to her classmates, and saw two Chinese characters "Thank you" written on the blackboard in the middle of the classroom. Then the teacher came in, and said to Xiaoyue and her classmates:

"大家好！请坐下！昨天的新闻大家都听说了：你,小月,一直都是一个喜欢帮助别人的孩子，我们很高兴。

"Dàjiā hǎo! Qǐng zuò xià! Zuótiān de xīnwén dàjiā dōu tīng shuōle: Nǐ, Xiǎoyuè, yīzhí dōu shì yīgè xǐhuān bāngzhù biérén de háizi, wǒmen hěn gāoxìng.

"Hello everyone! Please sit down! Everyone has heard about the recent events. Xiaoyue, you have always been a child who likes to help others, we are very happy.

为了帮助不小心落入水中的老奶奶，你错过了中文考试，我们明白这不是你的错，今天或明天方便的时间里，你可以再考一次。

Wèile bāngzhù bù xiǎoxīn luò rù shuǐzhōng de lǎo nǎinai, nǐ cuòguòle zhōngwén kǎoshì, wǒmen míngbái zhè bùshì nǐ de cuò, jīntiān huò míngtiān fāngbiàn de shíjiān lǐ, nǐ kěyǐ zàikǎo yīcì.

To help a grandmother who accidentally fell into the water, you missed your Chinese exam. We understand this is not your fault, and you can take the test again at a convenient time today or tomorrow.

最后我要说一下你们上一次的中文作业，虽然你们都很认真和努力,但是很多同学关于段和句子的选择题有错。

Zuìhòu wǒ yào shuō yīxià nǐmen shàng yīcì de zhōngwén zuòyè, suīrán nǐmen dōu hěn rènzhēn hé nǔlì, dànshì hěnduō tóngxué guānyú duàn hé jùzi de xuǎnzé tí yǒu cuò.

Finally, I want to talk about your last Chinese homework. Although you all are serious and hardworking, you made mistakes in the mutiple choice questions about paragraphs and sentences.

我要求大家找一下错，周末再做一遍,有的时候你么觉得问题越容易，越容易出错。

Wǒ yāoqiú dàjiā zhǎo yīxià cuò, zhōumò zài zuò yībiàn, yǒu de shíhòu nǐ me juédé wèntí yuè róngyì, yuè róngyì chūcuò.

I ask everyone to please try and find your mistakes. Do it again during the weekend. Sometimes you do think the question is easier, but it's even easier to make mistakes.

还有今天是千小月同学的生日，也祝你生日快乐!

Hái yǒu jīntiān shì qiān Xiǎoyuè tóngxué de shēngrì, yě zhù nǐ shēngrì kuàilè!

But today is the birthday of Qian Xiaoyue: Happy birthday to you! "

小月说到：“这真的没什么，谢谢大家！”

Xiǎoyuè shuō dào: “Zhè zhēn de méishénme, xièxiè dàjiā! ”

Xiaoyue said: "It's really nothing, thank you all! "

她心里感觉甜甜的，她想着...这是多么美好的生活!

Tā xīnlǐ gǎnjué tián tián de, tā xiǎngzhe. . . Zhè shì duōme měihǎo de shēnghuó!

She felt good in her heart, and thought... What a wonderful life this is!

河边事件

1 1. 小月一家

2 这是一个关于小月的故事。

3 九月的一天早上，太阳出来了，是个晴天。

4 小月一家住在北京的一个老房子里，房子已经有很长的历史了，小月的爷爷都是在这里结婚的。

5 北京是中国的北方城市，有春、夏、秋、冬四个季节：冬冷夏热春天秋天舒服。

6 小月一家住的房子虽然没有空调，但是冬天不冷，夏天也不热。

7 她一家人很喜欢这个房子，在这里过得很快乐。

8 她现在和弟弟、爸爸、妈妈、爷爷住在一起，他们还有一只小猫。

9 她弟弟的名字叫小冬，今年十二岁，他比她小两岁。

10 小月住的房子前面有一个院子，这个院子很大,种了很多花草。

11 院子里有小苹果树，弟弟正在往树上爬，他想摘几个快红了的苹果给大家吃。

12 爷爷喜欢在花园里锻炼，他最喜欢的运动是太极和去公园爬山。

13 现在他在花园里慢慢地打着太极，身体和手一起慢慢地向左边然后向右边动着。

14 小月在一旁听音乐，听到她喜欢的歌，她也跟着唱歌跳舞。

15 在苹果树的后面有一个很大的花盆，其实那里面没有花，只有四条在水中游来游去的小鱼。

16 还有一只小猫，小猫的名字叫“白雪”。白雪个头很小，还不到一公斤。

17 它就在旁边这样一动不动，它眼睛很大，嘴张开，安静地看着小鱼们。

18 弟弟小冬在一边玩着踢足球的游戏。

19 过了一会儿，小月的爷爷已经打完太极了，他走进房间里，从冰箱里拿出一块蛋糕还有水果，放在花园里的小桌子上。

20 爷爷叫小月和小冬休息一下吃点东西。他们听到爷爷叫他们，他们两个马上走过来，坐在他的旁边。

21 爷爷最喜欢给他们讲他小时候的事情，他看到了放在桌子上好吃的蛋糕，就开始讲：

22 “我以前小的时候，可没有蛋糕吃，买面必须拿着每月的面票去买。

23 因为每个月每家只有很少的面票，所以我和哥哥姐姐们总是很饿。现在变化很大，生活也更简单了，我们再不会吃不饱。”

24 小月和小冬很喜欢听爷爷聊天，他们每次都可以学很多的东西。

25 小月听到有飞机从附近机场起飞的声音。

26 这时候她看了一下时间，想起来下午在学校还有事情。

27 她要和同学们一起准备考试，还要写关于中国黄河和环境关系的作业。

28 她和爷爷弟弟说了再见，就走出家门。

29 2. 事件

30 她出家门口走不久就有一条河，这条河很短是不走船的。

31 小月走一百米，再过一条街道，就可以到学校了。

32 她一边走一边想着，她忘记带词典了,打算回家去拿，可是又在想这样的话会不会上学迟到。

33 正在她想着的那一刻，突然听到有人在叫“啊”，她马上回头看，看到一位很瘦的老奶奶在河里。

34 还好因为河的水位不高，所以老奶奶只有一多半身体在里面。

35 小月飞快地跑过去，在河边，她双手拉住老奶奶冰冰的手，帮老奶奶慢慢地从水里出来。

36 她着急地问：“老奶奶，您还好吗？有哪里不舒服或者哪里疼吗？”

37 老奶奶坐在地上，水还在身上像洗澡了一样，鼻子也红红的，她哭着没有回答小月。

38 正在这时，有一位骑着自行车的叔叔看到了她们，他把自行车放在一边后跑过来，他问小月：“小朋友还好吗？需要帮助吗？”

39 小月问：“叔叔，您有手机吗？我们需要打电话叫一辆出租车去医院。”

40 叔叔回答到“我有手机，马上就打。”

41 等了两分钟后，出租车就到了，司机也出来帮忙。

42 司机叔叔把自己的外衣脱下来给奶奶穿上，

43 大家马上把奶奶送到车里，小月坐在奶奶的旁边，奶奶看起来很不舒服，没有说话。

44 她们等了一会儿，医生来了,他了解了一下事情的起因，就开始检查了。

45 小月坐在房间门口，她很担心奶奶身体健康问题，她也不年轻了，希望不会有事情。

46 虽然她还不认识奶奶，但是不知道为什么，心里还是有点难过，等了大约四十分钟，医生出来了。

47 他和小月说“老人没事了，还有有点发烧，主要是衣服湿了后引起感冒，需要住在医院休息几天。”

48 医生又问“你认识这位老人的家人吗？”

49 小月回答到:“不认识。”

50 医生说:“刚才我问了一下她为什么会落入水中，但是她已经忘记了。

51 她只是和我说了家住在哪里和家里有谁。她说家里还有她的丈夫，我都写下来了。”

52 医生接下来又说：“你这位同学这么愿意帮助别人，这么热情，这次太谢谢你了！

53 我和同事们半个小时后要参加一个会议,等一下会让我的同事去她家看一下。对了，你的名字叫什么？”

54 小月回答“我姓千，千小月，大家都叫我小月。

55 我可以去奶奶家看一下，如果看到她的丈夫在家，我可以跟他说一下奶奶的事情。”

56 医生听到这里说:“那好吧，今天大家都很忙，那就谢谢你的帮助了!”

57 医生说完把写有奶奶家住的地方的纸条给了小月，小月谢过医生坐电梯离开医院。

58 3. 奶奶的家

59 她看了一下纸条，发现奶奶的家离自己的家很近，就在小月家旁边的那条街道上。

60 外面开始刮风下雨了，小月拿出雨伞，来到了附近的地铁站。

61 坐了四站就到了，小月又看一下地铁站的地图，根据地图她走了不远就到了。

62 她来到了奶奶的房子面前，看了一下门口上刻的号码，“就是这里！”，小月自己和自己说。

63 小月敲了一下门，一位胖胖的爷爷出来开门了，爷爷看到她感到有点奇怪，心里想这个小妹妹来我这里做什么?

64 小月马上说到：“您好，爷爷，请问您的妻子是叫黄喂蓝吗?她今天是不是穿着红色的上衣和黑色的裤子？”

65 爷爷回答：“是，她就是我的妻子，她习惯带小狗早上出去。今天，她和小狗出去，好长时间没有回来。

66 小狗先回来的，我害怕她有什么事情，正在担心。”

67 小月说：“爷爷您不用担心，奶奶刚才不小心落入水中，
我上学路过，已经把奶奶送到医院检查过了。

68 她现在没事了，也没有生病，只是有点发烧，医生已经给她吃药了。”

69 爷爷马上说到：“那真是太谢谢你了！那个医院在哪儿？你能带我去那个医院吗？”

70 小月说：“当然可以！医院就在国家图书馆。”

71 爷爷又说到：“等一下，我去给她拿两件干净的衣服。”

72 爷爷走进房间，换了一件衬衫，拿了一个行李箱，往里面放了几件衣服，牙刷，还有筷子，然后又拿了一张信用卡、护照和钱。

73 4. 在医院

74 然后他们坐上车，路过附近的一个公园和银行，路边的银行刚刚开门。

75 经理先生和银行小姐还有服务员们在门口正在欢迎着客人。

76 出租车很快地来到了医院住院区。他们来到奶奶住的房间，看到医生和奶奶在说话。

77 爷爷介绍了自己，医生说奶奶已经好多了，又对爷爷和小月说：

78 “她刚才终于想起来了，她说是她自己不小心，家里的小狗不听话在河边自己跑，她在追狗的时候不小心掉入水中。

79 她在水里的时候很害怕，脚也有点疼，需要休息几天。”

80 奶奶这时候用很小的声音说：“也不知道我们的狗现在怎么样了？”

81 爷爷马上回答到：“你不用担心，狗狗已经自己跑回家了！”

82 医生对奶奶说：“这样就太好了，您好好休息吧！只有好好休息，才可以好得快。”

83 然后又跟小月说：“今天你应该上学吧？可以把你们学校的电子邮件地址给我吗？

84 我一会儿用电脑上网，我想跟你们校长说一下今天你帮助奶奶的事，帮你请假！”

85 小月笑着说：“好的，谢谢你！”

86 医生说：“不客气！”

87 医生走后，小月和爷爷奶奶聊了聊自己的学校，爷爷又问小月最感兴趣学什么？

88 小月说是数学和汉语；还问小月最喜欢读什么书？

89 小月回答是和中国文化有关的书；她又说：“我最近看了一本关于世界动物的书，里面有很多漂亮的照片，还有大熊猫。”

90 爷爷又问：“你有什么爱好？”

91 小月回答：“我不但喜欢画画和旅游，而且喜欢游泳。特别是游泳，游得不是很差，去年开始游得很多。”

92 小月又说想过留学的事情，她长大了会去做。

93 这时候，医院厨房阿姨进来了，给奶奶送晚饭。

94 阿姨说：“今天晚饭菜单是：羊肉、米饭、鸡蛋、面包、香蕉和新鲜的西瓜；饮料是：茶、咖啡和牛奶。”

95 阿姨问奶奶：“您想喝什么？”

96 奶奶回答到：“牛奶，谢谢！”

97 阿姨又给了奶奶一个盘子、一个碗和一个杯子，然后就离开了。

98 小月注意到外面天已经黑了，她看了一下手表，已经八点了，她对爷爷说：“对不起，有点晚了，我先走了，您好好照顾奶奶吧！”

99 爷爷说：“请等一下！我们觉得今天能遇到你真是太好了，一定要一起照张相！”

100 爷爷拿出手机，用手机里的照相机照了一张相。

101 爷爷看了一下照片，奶奶说：“我认为你真是个可爱的孩子，今天真是太谢谢你了！

102 我们有一个儿子和一个女儿，但是他们不经常来。你可以多来家里看我们。

103 小月笑了笑说：“好！这是我应该做的。”

104 小月回答：“我们住得很近，以后可以经常见面！”

105 小月戴上了帽子，整理了一下头发，然后去了洗手间洗手。

106 5. 太晚了

107 小月走出医院，天已经黑了下来，月亮已经出来了。她非常高兴地回到家里。

108 她心里想爸爸妈妈一定特别生气，因为我没有去上学，又错过了重要的中文考试，又那么晚才回家。

109 小月进家的时候，他们正在看他们最喜欢的电视节目。

110 小月说：“妈妈，对不起，我今天没有去上学。”

111 妈妈回答：“我知道你的意思。没关系！你们年级的老师下午给我的办公室去电话了。

112 虽然你今天没有去上学，影响了你的今天下午的中文考试，但是你没有做错，我们很满意你解决办法。”

113 妈妈又关心地问到小月：“你累了吧？”

114 小月回答：“我不累，就是口渴。”

115 妈妈又说：“明天还要早些起床去学校上课，吃完饭早一点儿去睡觉吧！对了，你还记得明天是个什么节日吧？”

116 小月笑着回答：“当然记得！明天是我的生日呢！”

117 妈妈说：“希望明天晚上你和我们一起去“千万家”饭店吃饭，饭店就在邻居家旁边。

118 还有，你爸爸很喜欢喝那里的啤酒，吃完饭我们可以一起去看电影。”

119 小月回答：“我同意。”

120 妈妈又说：“我可能会在中午上班的休息时间去商店，去给你买生日礼物和其他的东西，你有没有决定想要什么生日礼物？”

121 小月回答：“我还不知道。”

122 妈妈说：“你一直在穿的那双鞋已经旧了，也坏了，你想要换一双新的皮鞋吗？或者裙子？你不是那天想要一条裙子吗？”

123 小月回答：“哪个都可以，不要太贵的就好了。”

124 妈妈大笑着回答：“不贵不贵，比较便宜！我和你爸爸心里很清楚，你除了学习成绩不错，也是个懂事又聪明的孩子。

125 很让妈妈和爸爸放心，我们相信你。”

126 妈妈又说：“明天爸爸妈妈工作结束后，我们就去你爸爸公司旁边的那个饭店吧！

127 就在离他公司很近的宾馆旁边，饭店很有名，那边的饭做得不错。

128 还有，因为明天是你的生日，所以我们不要忘记在那边吃面条啊！好了，不多说了，你还有多少作业要做？”

129 小月回答到：“我没有太多的作业要做，妈妈，我要回我的房间里复习去了，晚安！”

130 6. 回到学校

131 第二天早上是个星期五，天气非常好不是阴天，天空被刷成蓝蓝的颜色。

132 小月想在上学之前去跑跑步，因为她想在下半年提高比赛成绩和体育水平。

133 她最近的比赛成绩不太好，跑得不够快，虽然不想得第一名，但是想提高一下。

134 小月拿起她喝水的瓶子，走出家门，她发现路上的灯已经关了。

135 小月一共跑了六、七公里,最后经过了火车站，她终于完成了跑步，很高兴。

136 当她正打算回家，小月看见街角旁边的超市卖报纸。她有三元钱零钱，可以给爸爸买报纸。

137 回到家里，小月告诉爸爸给他买了报纸。

138 然后她坐在椅子上，她的脸和耳朵都红红的。今天跑步跑得腿很累，也很饿。她吃了早饭，吃得很饱。

139 小月刷牙后洗了澡，准备去上学。一般小月都是坐公共汽车去上学，今天上午她打算走路去。

140 出门那一刻，她看到妈妈正在打扫房间。

141 妈妈个子不高，有点矮，不能打扫到冰箱上面，小月马上帮妈妈搬了一个小椅子过来，帮她站在椅子上面。

142 然后她拿起书、笔记本和铅笔, 放在书包里，出了家门往南走。

143 家门口有像二层楼一样高的树，上面有很多绿绿的叶子，小鸟也像唱歌一样，在树上甜甜地叫着。

144 几乎快走到学校了，小月加快了脚步。几分钟后，她来到了学校，有很多男学生们正在一起打篮球。

145 小月走进了教室，和同学们说你好，这时她看到教室中间的黑板上写着“谢谢”两个字。后来老师也进来了，她对小月和同学们说:

146 “大家好！请坐下！昨天的新闻大家都听说了: 你,小月,一直都是一个喜欢帮助别人的孩子，我们很高兴。

147 为了帮助不小心落入水中的老奶奶，你错过了中文考试，我们明白这不是你的错，今天或明天方便的时间里，你可以再考一次。

148 最后我要说一下你们上一次的中文作业，虽然你们都很认真和努力,但是很多同学关于段和句子的选择题有错。

149 我要求大家找一下错，周末再做一遍,有的时候你么觉得问题越容易，越容易出错。

150 还有今天是千小月同学的生日，也祝你生日快乐!

151 小月说到：“这真的没什么，谢谢大家！”

152 她心里感觉甜甜的，她想着...这是多么美好的生活！

Hé biān shìjiàn

1 1. Xiǎoyuè yījiā

2 Zhè shì yīgè guānyú Xiǎoyuè de gùshì.

3 Jiǔ yuè de yītiān zǎoshang, tàiyáng chūlái le, shìgè qíngtiān.

4 Xiǎoyuè yījiāzhù zài běijīng de yīgè lǎo fángzi lǐ, fángzi yǐjīng yǒu hěn zhǎng de lìshǐle, Xiǎoyuè de yéyé dōu shì zài zhèlǐ jiéhūn de.

5 Běijīng shì zhōngguó de běifāng chéngshì, yǒu chūn, xià, qiū, dōng sì gè jìjié: Dōng lěngxià rè chūntiān qiūtiān shūfú.

6 Xiǎoyuè yī jiāzhù de fángzi suīrán méiyǒu kòng diào, dànshì dōngtiān bù lěng, xiàtiān yě bù rè.

7 Tā yī jiārén hěn xǐhuān zhège fángzi, zài zhèlǐguò dé hěn kuàilè.

8 Tā xiànzài hé dìdì, bàba, māmā, yéyé zhù zài yīqǐ, tāmen hái yǒuyī zhǐ xiǎo māo.

9 Tā dìdì de míngzì jiào Xiǎodōng, jīnnián shí'èr suì, tā bǐ tā xiǎo liǎng suì.

10 Xiǎoyuè zhù de fángzi qiánmiàn yǒuyīgè yuànzi, zhège yuànzi hěn dà, zhǒngle hěnduō huācǎo.

11 Yuànzi li yǒu xiǎo píngguǒ shù, dìdì zhèngzài wǎng shù shàng pá, tā xiǎng zhāi jǐ gè kuài hóngle de píngguǒ gěi dàjiā chī.

12 Yéyé xǐhuān zài huāyuán lǐ duànliàn, tā zuì xǐhuān de yùndòng shì tàijí hé qù gōngyuán páshān.

13 Xiànzài tā zài huāyuán lǐ màn man de dǎzhe tàijí, shēntǐ hé shǒu yīqǐ màn man dì xiàng zuǒbiān ránhòu xiàng yòubiān dòngzhe.

14 Xiǎoyuè zài yī pángtīng yīnyuè, tīng dào tā xǐhuān de gē, tā yě gēnzhe chànggē tiàowǔ.

15 Zài píngguǒ shù de hòumiàn yǒuyīgè hěn dà de huā pén, qíshí nàlǐmiàn méiyǒu huā, zhǐyǒu sìtiáo zài shuǐzhōng yóu lái yóu qù de xiǎo yú.

16 Hái yǒu yī zhǐ xiǎo māo, xiǎo māo de míngzì jiào “báixuě”. Báixuě gètóu hěn xiǎo, hái bù dào yī gōngjīn.

17 Tā jiù zài pángbiān zhèyàng yī dòngbùdòng, tā yǎnjīng hěn dà, zuǐ zhāng kāi, ānjìng de kànzhe xiǎo yúmen.

18 Dìdì Xiǎodōng zài yībiān wánzhe tī zúqiú de yóuxì.

19 Guò le yīhuǐ'er, Xiǎoyuè de yéyé yǐjīng dǎ wán tàijíle, tā zǒu jìn fángjiān lǐ, cóng bīngxiāng lǐ ná chū yīkuài dàngāo hái yǒu shuǐguǒ, fàng zài huāyuán lǐ de xiǎo zhuōzi shàng.

20 Yéyé jiào Xiǎoyuè hé Xiǎodōng xiūxí yīxià chī diǎn dōngxī. Tāmen tīng dào yéyé jiào tāmen, tāmen liǎng gè mǎshàng zǒu guòlái, zuò zài tā de pángbiān.

21 Yéyé zuì xǐhuān gěi tāmen jiǎng tā xiǎoshíhòu de shìqíng, tā kàn dào le fàng zài zhuōzi shàng hào chī de dàngāo, jiù kāishǐ jiǎng:

22 "Wǒ yǐqián xiǎo de shíhòu, kě méiyǒu dàngāo chī, mǎi miàn bìxū názhe měi yuè de miàn piào qù mǎi.

23 Yīnwèi měi gè yuè měi jiā zhǐyǒu hěn shǎo de miàn piào, suǒyǐ wǒ hé gēgē jiějiěmen zǒng shì hěn è. Xiànzài biànhuà hěn dà, shēnghuó yě gèng jiǎndānle, wǒmen zàibu huì chī bù bǎo. "

24 Xiǎoyuè hé Xiǎodōng hěn xǐhuān tīng yéyé liáotiān, tāmen měi cì dōu kěyǐ xué hěnduō de dōngxī.

25 Xiǎoyuè tīng dào yǒu fēijī cóng fùjìn jīchǎng qǐfēi de shēngyīn.

26 Zhè shíhòu tā kànle yīxià shíjiān, xiǎng qǐlái xiàwǔ zài xuéxiào hái yǒu shìqíng.

27 Tā yào hé tóngxuémen yīqǐ zhǔnbèi kǎoshì, hái yào xiě guānyú zhōngguó huánghé hé huánjìng guānxì de zuòyè.

28 Tā hé yéyé dìdì shuōle zàijiàn, jiù zǒuchū jiāmén.

29 2. Shìjiàn

30 Tā chū jiā ménkǒu zǒu bùjiǔ jiù yǒu yītiáo hé, zhè tiáo hé hěn duǎn shì bù zǒu chuán de.

31 Xiǎoyuè zǒu yībǎi mǐ, zàiguò yītiáo jiēdào, jiù kěyǐ dào xuéxiào le.

32 Tā yībiān zǒu yībiān xiǎngzhe, tā wàngjì dài cídiǎn le, dǎsuàn huí jiā qù ná, kěshì yòu zài xiǎng zhèyàng dehuà huì bù huì shàngxué chídào.

33 Zhèngzài tā xiǎngzhe dì nà yīkè, túrán tīng dào yǒurén zài jiào "a", tā mǎshàng huítóu kàn, kàn dào yī wèi hěn shòu de lǎo nǎinai zài hé lǐ.

34 Hái hǎo yīnwèi hé de shuǐwèi bù gāo, suǒyǐ lǎo nǎinai zhǐyǒu yīduōbàn shēntǐ zài lǐmiàn.

35 Xiǎoyuè fēikuài dì pǎo guòqù, zài hé biān, tā shuāngshǒu lā zhù lǎo nǎinai bīngbīng de shǒu, bāng lǎo nǎinai màn man de cóng shuǐ lǐ chūlái.

36 Tā zhāojí de wèn: "Lǎo nǎinai, nín hái hǎo ma? Yǒu nǎlǐ bú shūfú huòzhě nǎlǐ téng ma? "

37 Lǎo nǎinai zuò zài dìshàng, shuǐ hái zài shēnshang xiàng xǐzǎole yīyàng, bízi yě hóng hóng de, tā kūzhe méiyǒu huídá Xiǎoyuè.

38 Zhèngzài zhè shí, yǒu yī wèi qízhe zìxíngchē de shūshu kàn dào le tāmen, tā bǎ zìxíngchē fàng zài yībiān hòu pǎo guòlái, tā wèn Xiǎoyuè: "Xiǎo péngyǒu hái hǎo ma? Xūyào bāngzhù ma? "

39 Xiǎoyuè wèn: "Shūshu, nín yǒu shǒujī ma? Wǒmen xūyào dǎ diànhuà jiào yī liàng chūzū chē qù yīyuàn. "

40 Shūshu huídá dào "wǒ yǒu shǒujī, mǎshàng jiù dǎ. "

41 Děngle liǎng fēnzhōng hòu, chūzū chē jiù dào le, sījī yě chūlái bāngmáng.

42 Sījī shūshu bǎ zìjǐ de wàiyī tuō xiàlái gěi nǎinai chuān shàng,

43 Dàjiā mǎshàng bǎ nǎinai sòng dào chē lǐ, Xiǎoyuè zuò zài nǎinai de pángbiān, nǎinai kàn qǐlái hěn bú shūfú, méiyǒu shuōhuà.

44 Tāmen děngle yīhuǐ'er, yīshēng lái le, tā liǎojiěle yīxià shìqíng de qǐyīn, jiù kāishǐ jiǎnchá le.

45 Xiǎoyuè zuò zài fángjiān ménkǒu, tā hěn dānxīn nǎinai shēntǐ jiànkāng wèntí, tā yě bù niánqīng le, xīwàng bù huì yǒu shìqíng.

46 Suīrán tā hái bù rènshí nǎinai, dànshì bù zhīdào wèishéme, xīnlǐ háishì yǒudiǎn nánguò, děngle dàyuē sìshí fēnzhōng, yīshēng chūlái le.

47 Tā hé Xiǎoyuè shuō "lǎorén méishì le, hái yǒu yǒudiǎn fāshāo, zhǔyào shi yīfú shīle hòu yǐnqǐ gǎnmào, xūyào zhù zài yīyuàn xiūxí jǐ tiān. "

48 Yīshēng yòu wèn "nǐ rènshí zhè wèi lǎorén de jiā rén ma? "

49 Xiǎoyuè huídá dào: "bù rènshí. "

50 Yīshēng shuō: "Gāngcái wǒ wènle yīxià tā wèishéme huì luò rù shuǐzhōng, dànshì tā yǐjīng wàngjì le.

51 Tā zhǐshì hé wǒ shuōle jiāzhù zài nǎlǐ hé jiā li yǒu shéi. Tā shuō jiālǐ hái yǒu tā de zhàngfū, wǒ dū xiě xiàlái le. "

52 Yīshēng jiē xiàlái yòu shuō: "Nǐ zhè wèi tóngxué zhème yuànyì bāngzhù biérén, zhème rèqíng, zhè cì tài xièxiè nǐ le!

53 Wǒ hé tóngshìmen bàn gè xiǎoshíhòu yào cānjiā yīgè huìyì, děng yīxià huì ràng wǒ de tóngshì qù tā jiā kàn yīxià. Duì le, nǐ de míngzì jiào shénme? "

54 Xiǎoyuè huídá "wǒ xìng qiān, qiān Xiǎoyuè, dàjiā dōu jiào wǒ Xiǎoyuè.

55 Wǒ kěyǐ qù nǎinai jiā kàn yīxià, rúguǒ kàn dào tā de zhàngfū zàijiā, wǒ kěyǐ gēn tā shuō yīxià nǎinai de shìqíng. "

56 Yīshēng tīng dào zhèlǐ shuō: "Nà hǎo ba, jīntiān dàjiā dōu hěn máng, nà jiù xièxiè nǐ de bāngzhù le! "

57 Yīshēng shuō wán bǎ xiě yǒu nǎinai jiāzhù dì dìfāng de zhǐ tiáo gěile

Xiǎoyuè, Xiǎoyuè xièguò yīshēng zuò diàntī líkāi yīyuàn.

[58] 3. Nǎinai de jiā

[59] Tā kànle yīxià zhǐ tiáo, fāxiàn nǎinai de jiā lí zìjǐ de jiā hěn jìn, jiù zài Xiǎoyuè jiā pángbiān dì nà tiáo jiēdào shàng.
[60] Wàimiàn kāishǐ guā fēng xià yǔle, Xiǎoyuè ná chū yǔsǎn, lái dào le fùjìn dì dìtiě zhàn.
[61] Zuòle sì zhàn jiù dào le, Xiǎoyuè yòu kàn yīxià dìtiě zhàn dì dìtú, gēnjù dìtú tā zǒu liǎo bù yuǎn jiù dào le.
[62] Tā lái dào le nǎinai de fángzi miànqián, kànle yīxià ménkǒu shàngkè de hàomǎ, "jiùshì zhèlǐ! ", Xiǎoyuè zìjǐ hé zìjǐ shuō.
[63] Xiǎoyuè qiāole yīxià mén, yī wèi pàng pàng de yéyé chūlái kāiménle, yéyé kàn dào tā gǎndào yǒudiǎn qíguài, xīnlǐ xiǎng zhège xiǎo mèimei lái wǒ zhèlǐ zuò shénme?
[64] Xiǎoyuè mǎshàng shuō dào: "Nín hǎo, yéyé, qǐngwèn nín de qīzi shì jiào huáng wèi lán ma? Tā jīntiān shì bùshì chuānzhuó hóngsè de shàngyī hé hēisè de kùzi? "
[65] Yéyé huídá: "Shì, tā jiùshì wǒ de qīzi, tā xíguàn dài xiǎo gǒu zǎoshang chūqù. Jīntiān, tā hé xiǎo gǒu chūqù, hǎo cháng shíjiān méiyǒu huílái.
[66] Xiǎo gǒu xiān huílái de, wǒ hàipà tā yǒu shé me shìqíng, zhèngzài dānxīn. "
[67] Xiǎoyuè shuō: "Yéyé nín bùyòng dānxīn, nǎinai gāngcái bù xiǎoxīn luò rù shuǐzhōng, wǒ shàngxué lùguò, yǐjīng bǎ nǎinai sòng dào yīyuàn jiǎncháguòle.
[68] Tā xiànzài méishì le, yě méiyǒu shēngbìng, zhǐshì yǒudiǎn fāshāo, yīshēng yǐjīng gěi tā chī yào le. "
[69] Yéyé mǎshàng shuō dào: "Nà zhēnshi tài xièxiè nǐ le! Nàgè yīyuàn zài nǎ'er? Nǐ néng dài wǒ qù nàgè yīyuàn ma? "
[70] Xiǎoyuè shuō: "Dāngrán kěyǐ! Yīyuàn jiù zài guójiā túshū guǎn. "
[71] Yéyé yòu shuō dào: "Děng yīxià, wǒ qù gěi tā ná liǎng jiàn gānjìng de yīfú. "
[72] Yéyé zǒu jìn fángjiān, huànle yī jiàn chènshān, nále yīgè xínglǐ xiāng, wǎng lǐmiàn fàngle jǐ jiàn yīfú, yáshuā, hái yǒu kuàizi, ránhòu yòu nále yī zhāng xìnyòngkǎ, hùzhào hé qián.

[73] 4. Zài yīyuàn

[74] Ránhòu tāmen zuò shàng chē, lùguò fùjìn de yīgè gōngyuán hé yínháng, lù biān de yínháng gānggāng kāimén.

[75] Jīnglǐ xiānshēng hé yínháng xiǎojiě hái yǒu fúwùyuánmen zài ménkǒu zhèngzài huānyíngzhe kèrén.

[76] Chūzū chē hěn kuài dì lái dào le yīyuàn zhùyuàn qū. Tāmen lái dào nǎinai zhù de fángjiān, kàn dào yīshēng hé nǎinai zài shuōhuà.

[77] Yéyé jièshàole zìjǐ, yīshēng shuō nǎinai yǐjīng hǎoduōle, yòu duì yéyé hé Xiǎoyuè shuō:

[78] "Tā gāngcái zhōngyú xiǎng qǐlái le, tā shuō shì tā zìjǐ bù xiǎoxīn, jiālǐ de xiǎo gǒu bù tīnghuà zài hé biān zìjǐ pǎo, tā zài zhuī gǒu de shíhòu bù xiǎoxīn diào rù shuǐzhōng.

[79] Tā zài shuǐ lǐ de shíhòu hěn hàipà, jiǎo yě yǒudiǎn téng, xūyào xiūxí jǐ tiān. "

[80] Nǎinai zhè shíhòu yòng hěn xiǎo de shēngyīn shuō: "Yě bù zhīdào wǒmen de gǒu xiànzài zěnme yàngle? "

[81] Yéyé mǎshàng huídá dào: "Nǐ bùyòng dānxīn, gǒu gǒu yǐjīng zìjǐ pǎo huí jiā le! "

[82] Yīshēng duì nǎinai shuō: "Zhèyàng jiù tài hǎo le, nín hǎohǎo xiūxí ba! Zhǐyǒu hǎohǎo xiūxí, cái kěyǐ hǎo dé kuài. "

[83] Ránhòu yòu gēn Xiǎoyuè shuō: "Jīntiān nǐ yīnggāi shàngxué ba? Kěyǐ bǎ nǐmen xuéxiào de diànzǐ yóujiàn dìzhǐ gěi wǒ ma?

[84] Wǒ yīhuǐ'er yòng diànnǎo shàngwǎng, wǒ xiǎng gēn nǐmen xiàozhǎng shuō yīxià jīntiān nǐ bāngzhù nǎinai de shì, bāng nǐ qǐngjià! "

[85] Xiǎoyuè xiàozhe shuō: "Hǎo de, xièxiè nǐ! "

[86] Yīshēng shuō: "Bù kèqì! "

[87] Yīshēng zǒu hòu, Xiǎoyuè hé yéyé nǎinai liáole liáo zìjǐ de xuéxiào, yéyé yòu wèn Xiǎoyuè zuì gǎn xìngqù xué shénme?

[88] Xiǎoyuè shuō shì shùxué hé hànyǔ; hái wèn Xiǎoyuè zuì xǐhuān dú shénme shū?

[89] Xiǎoyuè huídá shì hé zhōngguó wénhuà yǒuguān de shū; tā yòu shuō: "Wǒ zuìjìn kànle yī běn guānyú shìjiè dòngwù de shū, lǐmiàn yǒu hěnduō piàoliang de zhàopiàn, hái yǒu dà xióngmāo. "

[90] Yéyé yòu wèn: "Nǐ yǒu shé me àihào? "

[91] Xiǎoyuè huídá: "Wǒ bùdàn xǐhuān huà huà hé lǚyóu, érqiě xǐhuān

yóuyǒng. Tèbié shì yóuyǒng, yóu dé bùshì hěn chà, qùnián kāishǐ yóu dé hěnduō. ”

92 Xiǎoyuè yòu shuō xiǎngguò liúxué de shìqíng, tā zhǎng dà le huì qù zuò.

93 Zhè shíhòu, yīyuàn chúfáng āyí jìnlái le, gěi nǎinai sòng wǎnfàn.

94 Āyí shuō: “Jīntiān wǎnfàn càidān shì: Yángròu, mǐfàn, jīdàn, miànbāo, xiāngjiāo hé xīnxiān de xīguā; yǐnliào shì: Chá, kāfēi hé niúnǎi. ”

95 Āyí wèn nǎinai: “Nín xiǎng hē shénme? ”

96 Nǎinai huídá dào: “Niúnǎi, xièxiè! ”

97 Āyí yòu gěile nǎinai yīgè pánzi, yīgè wǎn hé yīgè bēizi, ránhòu jiù líkāi le.

98 Xiǎoyuè zhùyì dào wàimiàn tiān yǐjīng hēile, tā kànle yīxià shǒubiǎo, yǐjīng bā diǎnle, tā duì yéyé shuō: “Duìbùqǐ, yǒudiǎn wǎnle, wǒ xiān zǒule, nín hǎohǎo zhàogù nǎinai ba! ”

99 Yéyé shuō: “Qǐng děng yīxià! Wǒmen juédé jīntiān néng yù dào nǐ zhēnshi tài hǎo le, yīdìng yào yīqǐ zhào zhāng xiāng! ”

100 Yéyé ná chū shǒujī, yòng shǒujī lǐ de zhàoxiàngjī zhàole yī zhāng xiāng.

101 Yéyé kànle yīxià zhàopiàn, nǎinai shuō: “Wǒ rènwéi nǐ zhēnshi gè kě'ài de háizi, jīntiān zhēnshi tài xièxiè nǐ le!

102 Wǒmen yǒu yīgè er zi hé yīgè nǚ'ér, dànshì tāmen bù jīngcháng lái. Nǐ kěyǐ duō lái jiālǐ kàn wǒmen.

103 Xiǎoyuè xiàole xiào shuō: “Hǎo! Zhè shì wǒ yīnggāi zuò de. ”

104 Xiǎoyuè huídá: “Wǒmen zhù dé hěn jìn, yǐhòu kěyǐjīngcháng jiànmiàn! ”

105 Xiǎoyuè dài shàngle màozi, zhěnglǐle yīxià tou fā, ránhòu qùle xǐshǒujiān xǐshǒu.

106 5. Tài wǎn le

107 Xiǎoyuè zǒuchū yīyuàn, tiān yǐjīng hēile xiàlái, yuèliàng yǐjīng chūlái le. Tā fēicháng gāoxìng de huí dào jiālǐ.

108 Tā xīnlǐ xiǎng bàba māmā yīdìng tèbié shēngqì, yīnwèi wǒ méiyǒu qù shàngxué, yòu cuòguòle zhòngyào de zhōngwén kǎoshì, yòu nàme wǎn cái huí jiā.

109 Xiǎoyuè jìn jiā de shí hòu, tāmen zhèngzài kàn tāmen zuì xǐhuān de diànshì jiémù.

110 Xiǎoyuè shuō: “Māmā, duìbùqǐ, wǒ jīntiān méiyǒu qù shàngxué. ”

111 Māmā huídá: “Wǒ zhīdào nǐ de yìsi. Méiguānxì! Nǐmen niánjí de lǎoshī xiàwǔ gěi wǒ de bàngōngshì qù diànhuàle.

112 Suīrán nǐ jīntiān méiyǒu qù shàngxué, yǐngxiǎngle nǐ de jīntiān xiàwǔ de zhōngwén kǎoshì, dànshì nǐ méiyǒu zuò cuò, wǒmen hěn mǎnyì nǐ jiějué bànfǎ. "
113 Māmā yòu guānxīn dì wèn dào Xiǎoyuè: "Nǐ lèi le ba? "
114 Xiǎoyuè huídá: "Wǒ bù lèi, jiùshì kǒu kě. "
115 Māmā yòu shuō: "Míngtiān hái yào zǎo xiē qǐchuáng qù xuéxiào shàng kè, chī wán fàn zǎo yīdiǎn er qù shuìjiào ba! Duì le, nǐ hái jìdé míngtiān shìgè shénme jiérì ba? "
116 Xiǎoyuè xiàozhe huídá: "Dāngrán jìdé! Míngtiān shì wǒ de shēngrì ne! "
117 Māmā shuō: "Xīwàng míngtiān wǎnshàng nǐ hé wǒmen yīqǐ qù "qiān wàn jiā" fàndiàn chīfàn, fàndiàn jiù zài línjū jiā pángbiān.
118 Hái yǒu, nǐ bàba hěn xǐhuān hē nà lǐ de píjiǔ, chī wán fàn wǒmen kěyǐ yīqǐ qù kàn diànyǐng. "
119 Xiǎoyuè huídá: "Wǒ tóngyì. "
120 Māmā yòu shuō: "Wǒ kěnéng huì zài zhōngwǔ shàngbān de xiūxí shíjiān qù shāngdiàn, qù gěi nǐ mǎi shēngrì lǐwù hé qítā de dōngxī, nǐ yǒu méiyǒu juédìng xiǎng yào shénme shēngrì lǐwù? "
121 Xiǎoyuè huídá: "Wǒ hái bù zhīdào. "
122 Māmā shuō: "Nǐ yīzhí zài chuān dì nà shuāng xié yǐjīng jiùle, yě huàile, nǐ xiǎng yào huàn yīshuāng xīn de píxié ma? Huòzhě qúnzi? Nǐ bùshì nèitiān xiǎng yào yītiáo qúnzi ma? "
123 Xiǎoyuè huídá: "Nǎge dōu kěyǐ, bùyào tài guì de jiù hǎo le. "
124 Māmā dà xiàozhe huídá: "Bù guì bù guì, bǐjiào piányí! Wǒ hé nǐ bàba xīnlǐ hěn qīngchǔ, nǐ chúle xuéxí chéngjī bùcuò, yěshìgè dǒngshì yòu cōngmíng de háizi.
125 Hěn ràng māmā hé bàba fàngxīn, wǒmen xiāngxìn nǐ. "
126 Māmā yòu shuō: "Míngtiān bàba māmā gōngzuò jiéshù hòu, wǒmen jiù qù nǐ bàba gōngsī pángbiān dì nàgè fàndiàn ba!
127 Jiù zài lí tā gōngsī hěn jìn de bīnguǎn pángbiān, fàndiàn hěn yǒumíng, nà biān de fàn zuò dé bùcuò.
128 Hái yǒu, yīn wéi míngtiān shì nǐ de shēngrì, suǒyǐ wǒmen bùyào wàngjì zài nà biān chī miàntiáo a! Hǎo le, bù duō shuōle, nǐ hái yǒu duōshǎo zuòyè yào zuò? "
129 Xiǎoyuè huídá dào: "Wǒ méiyǒu tài duō de zuòyè yào zuò, māmā, wǒ yào huí wǒ de fángjiān lǐ fùxí qùle, wǎn'ān! "

130 6. Huí dào xuéxiào

131 Dì èr tiān zǎoshang shì gè xīngqíwǔ, tiānqì fēicháng hǎo bùshì yīn tiān, tiānkōng bèi shuā chéng lán lán de yánsè.

132 Xiǎoyuè xiǎng zài shàngxué zhīqián qù pǎo pǎobù, yīnwèi tā xiǎng zàixià bànnián tígāo bǐsài chéngjī hé tǐyù shuǐpíng.

133 Tā zuìjìn de bǐsài chéngjī bù tài hǎo, pǎo dé bùgòu kuài, suīrán bùxiǎng dé dì yī míng, dànshì xiǎng tígāo yīxià.

134 Xiǎoyuè ná qǐ tā hē shuǐ de píngzi, zǒuchū jiāmén, tā fāxiàn lùshàng de dēng yǐ jīng guānle.

135 Xiǎoyuè yīgòng pǎole liù, qī gōnglǐ, zuìhòu jīngguò le huǒchē zhàn, tā zhōngyú wánchéngle pǎobù, hěn gāoxìng.

136 Dāng tā zhèng dǎsuàn huí jiā, Xiǎoyuè kànjiàn jiējiǎo pángbiān de chāoshì mài bàozhǐ. Tā yǒusān yuán qián língqián, kěyǐ gěi bàba mǎi bàozhǐ.

137 Huí dào jiālǐ, Xiǎoyuè gàosù bàba gěi tā mǎile bàozhǐ.

138 Ránhòu tā zuò zài yǐzi shàng, tā de liǎn hé ěrduǒ dōu hóng hóng de. Jīntiān pǎobù pǎo dé tuǐ hěn lèi, yě hěn è. Tā chīle zǎofàn, chī dé hěn bǎo.

139 Xiǎoyuè shuāyá hòu xǐle zǎo, zhǔnbèi qù shàngxué. Yībān Xiǎoyuè dōu shì zuò gōnggòng qìchē qù shàngxué, jīntiān shàngwǔ tā dǎsuàn zǒulù qù.

140 Chūmén nà yīkè, tā kàn dào māmā zhèngzài dǎsǎo fángjiān.

141 Māmā gèzi bù gāo, yǒudiǎn ǎi, bùnéng dǎsǎo dào bīngxiāng shàngmiàn, Xiǎoyuè mǎshàng bāng māmā bānle yīgè xiǎo yǐzi guòlái, bāng tā zhàn zài yǐzi shàngmiàn.

142 Ránhòu tā ná qǐ shū, bǐjìběn hé qiānbǐ, fàng zài shūbāo lǐ, chū le jiā mén wǎng nán zǒu.

143 Jiā ménkǒu yǒu xiàng èr céng lóu yīyàng gāo de shù, shàngmiàn yǒu hěnduō lǜlǜ de yèzi, xiǎo niǎo yě xiàng chànggē yīyàng, zài shù shàng tián tián de jiàozhe.

144 Jīhū kuàizǒu dào xuéxiào le, Xiǎoyuè jiākuàile jiǎobù. Jǐ fēnzhōng hòu, tā lái dào le xuéxiào, yǒu hěnduō nán xuéshēngmen zhèngzài yīqǐ dǎ lánqiú.

145 Xiǎoyuè zǒu jìnle jiàoshì, hé tóngxuémen shuō nǐ hǎo, zhè shí tā kàn dào jiàoshì zhōngjiān de hēibǎn shàng xiězhe “xièxiè” liǎng gè zì. Hòulái lǎoshī yě jìnlái le, tā duì Xiǎoyuè hé tóngxuémen shuō:

[146] "Dàjiā hǎo! Qǐng zuò xià! Zuótiān de xīnwén dàjiā dōu tīng shuōle: Nǐ, Xiǎoyuè, yīzhí dōu shì yīgè xǐhuān bāngzhù biérén de háizi, wǒmen hěn gāoxìng.
[147] Wèile bāngzhù bù xiǎoxīn luò rù shuǐzhōng de lǎo nǎinai, nǐ cuòguòle zhōngwén kǎoshì, wǒmen míngbái zhè bùshì nǐ de cuò, jīntiān huò míngtiān fāngbiàn de shíjiān lǐ, nǐ kěyǐ zàikǎo yīcì.
[148] Zuìhòu wǒ yào shuō yīxià nǐmen shàng yīcì de zhōngwén zuòyè, suīrán nǐmen dōu hěn rènzhēn hé nǔlì, dànshì hěnduō tóngxué guānyú duàn hé jùzi de xuǎnzé tí yǒu cuò.
[149] Wǒ yāoqiú dàjiā zhǎo yīxià cuò, zhōumò zài zuò yībiàn, yǒu de shíhòu nǐ me juédé wèntí yuè róngyì, yuè róngyì chūcuò.
[150] Hái yǒu jīntiān shì qiān Xiǎoyuè tóngxué de shēngrì, yě zhù nǐ shēngrì kuàilè!
[151] Xiǎoyuè shuō dào: "Zhè zhēn de méishénme, xièxiè dàjiā! "
[152] Tā xīnlǐ gǎnjué tián tián de, tā xiǎngzhe. . . Zhè shì duōme měihǎo de shēnghuó!

Incident on the River

[1] 1. Xiaoyue's family

[2] This is the story of a girl called Xiaoyue.

[3] One morning in September, the sun was up in the sky. It was a clear day.

[4] Xiaoyue's family lived in an ancient house in Beijing which had a long history, as Xiaoyue's grandfather had married there.

[5] Beijing is a city in Northern China with four (distinct) seasons, spring, summer, autumn, and winter: winter is cold, summer is hot, while spring and autumn are pleasant.

[6] Xiaoyue's house did not have a heater or air conditioning but it was neither cold in winter, nor hot in summer.

[7] Her family liked this house very much, where they led a happy life.

[8] She lived with her brother, father, mother, grandpa, along a kitten.

[9] Her brother was called Xiaodong, who was going to be twelve years old that year. He was two years younger than her.

[10] There was a yard in front of Xiaoyue's house. This yard was very large. The family had planted a lot of flowers.

[11] There was a small apple tree in the yard, which her younger brother Xiadong was climbing, as he wanted to pick a few red apples for everyone to eat.

[12] Grandpa liked to exercise in the garden. His favorite sports were Tai Chi and walking in the parks.

[13] He was practicing Tai Chi in the garden, his body and hands moving slowly from left to right.

[14] Xiaoyue was listening to music, and when she heard her favorite song, she started singing and dancing.

[15] There was a big flower pot behind the apple tree. There were no flowers within, but four small fish swimming in water.

[16] There was also a kitten, whose name was "White Snow". White Snow was tiny and she didn't even weigh one kilogram.

[17] She was standing still beside the flower pot, its eyes and mouth wide

open, watching the little fish patiently.
[18] Younger brother Xiaodong was playing football on the side.
[19] After a while, Xiaoyue's grandpa finished practicing Tai Chi, and walked into the house, took a piece of cake and some fruits from the refrigerator, and put them on a small table in the garden.
[20] Grandpa asked Xiaoyue and Xiaodong to take a break and eat something. When they heard Grandpa calling them, the two of them immediately came over and sat next to him.
[21] Grandpa's favorite thing was to tell them about his childhood. He watched the delicious pastry on the table, and started to say:
[22] "When I was little, there was no cake to eat, flour had to be bought with monthly ration coupons.
[23] Each month, families did not have enough flour coupons, so my brother, sister and I were always hungry. Now things have changed a lot, we're not going to go hungry anymore."
[24] Xiaoyue and Xiaodong liked to listen to grandpa, they could learn a lot of things from those stories.
[25] Xiaoyue heard the sound of planes taking off from the nearby airport.
[26] She looked at the time, there were still some activities at school this afternoon.
[27] Along with her classmates, they wanted to prepare for their test, and work on their school project about the Yellow River of China and its surroundings.
[28] So, she said goodbye to her grandfather and her brother, and left home.

[29] 2. The incident

[30] Right at the doorstep, there was a river, which was so short that there was no boats.
[31] Xiaoyue walked a hundred meters, crossed another street, and was close to reaching her school.
[32] She was thinking during the walk that she had forgotten to bring her dictionary, she considered to going back home to get it, but she might be late for school then.

[33] While she was lost in thought, she suddenly heard someone calling. She looked back immediately, and saw a very thin grandma in the river.
[34] Fortunately, the water level was not high. The grandmother only had half of her body inside.
[35] Xiaoyue ran quickly, stood by the river, grabbed the grandma's cold hands in her own, and slowly helped her out of the water.
[36] She asked anxiously: "Grandma, are you alright? Do you feel any discomfort or pain? "
[37] The old lady sat on the ground, wet as if she had taken a bath, her nose red. She started crying and did not answer Xiaoyue's question.
[38] At this moment, an old man riding a bicycle saw them, put the bicycle aside, ran over, and asked Xiaoyue : "Hi girl, are you okay? Do you need help?"
[39] Xiaoyue asked: "Uncle, do you have a cell phone? We need to call a taxi go to to the hospital. "
[40] The uncle replied, "I have a cell phone, I will call right away."
[41] After waiting for two minutes, the taxi arrived, and the driver came out to help.
[42] The driver took off his jacket and put it on the grandma's shoulders.
[43] Everyone immediately helped the grandma into the taxi, Xiaoyue sat next to the grandmother. She did not seem to feel well and did not talk.
[44] After they waited for a while, a doctor came. He understood the situation and began to examine his patient.
[45] Xiaoyue sat at the door of the room, she was very worried about the grandmother's health, she was not young anymore, Xiaoyue hoped nothing bad would happen.
[46] Although she did not know the grandma, she felt very sad without knowing why. After forty minutes of waiting, the doctor came out.
[47] He told Xiaoyue, "The lady is fine. She has a little fever, mainly because her clothes got wet and caused a cold. She needs to stay in the hospital for a few days. "
[48] The doctor asked again, "Do you know this lady's family?"
[49] Xiaoyue replied: "I don't know."
[50] The doctor said: "I just asked her why she fell into the water, but she

has forgotten.

[51] She simply told me where her family lives and who they are. She said her husband was home. I have written all the information down. "

[52] The doctor continued: "You are a student who is willing to help other people. This is very kind. Thank you so much!

[53] I am going to a meeting in half an hour. Wait a moment, my colleague will go to her house. By the way, what is your name? "

[54] Xiaoyue replied, "My surname is Qian, Qian Xiaoyue, but everyone calls me Xiaoyue.

[55] I can go to grandma's house and have a look. If I see her husband at home, I can tell him about grandma. "

[56] When hearing this, the doctor said: "That would be great, today everyone is very busy, thanks a lot for your help! "

[57] After the doctor finished, he gave Xiaoyue a note with the grandma's address on it. Xiaoyue thanked the doctor and took the elevator to leave the hospital.

[58] 3. Grandma's home

[59] She looked at the note, and found out that Grandma's home was very close to her own home, right on the street next to Xiaoyue's place.

[60] Outside, it was starting to rain and the wind was blowing. Xiaoyue took out her umbrella, and went to the nearby subway station.

[61] After four stops she had arrived. Xiaoyue checked the map of the subway station. According to it, she was not far.

[62] She arrived at grandma's house, and looked at the number on the door. "This is it!", Xiaoyue said to herself.

[63] Xiaoyue knocked on the door. The door opened, revealing a chubby grandpa. The grandpa seemed suprised to see her, wondering why this young girl was coming to see him.

[64] Xiaoyue immediately said: "Hello, Grandpa, is your wife called Huang Huanglan? And today was she wearing a red top and black pants? "

[65] Grandpa replied: "Yes, she is my wife, she likes to walk our dog in the morning. Today she went out with the dog but didn't back come back.

[66] Our dog returned without her and I'm afraid that something happened

to her, I am really worried. "

67 Xiaoyue said: "Grandpa, there is no need to worry. Grandma fell into the water accidentally, while I was passing by on my way to school. She was taken to the hospital for a check up.

68 She is fine now, she is not sick, just a little fever, and the doctor has already given her medicine. "

69 Grandpa replied at once: "Thank you so much! Where is this hospital? Could you take me there? "

70 Xiaoyue said, "Of course! The hospital is just next to the National Library. "

71 Grandpa added: "Wait, I'll get her two sets of clean clothes. "

72 Grandpa walked into the room, changed his shirt, took a suitcase, and put some clothes inside, as well as a toothbrush, and a pair of chopsticks. Then he added a credit card, a passport and some money.

73 4. At the hospital

74 They took a taxi. On the way, they passed by a bank which had just opened its doors.

75 A Manager and a bank clerk were welcoming their customers at the door.

76 The taxi arrived to the hospital and they headed to the inpatient area. They reached the room where grandma was staying and saw that the doctor was talking with grandma.

77 The grandpa introduced himself. The doctor said that his wife was already feeling much better, and said to Xiaoyue and him:

78 "Just now she finally remembered what happened. She said she did not pay attention. Your house puppy was disobedient and has run by the river, and then she accidentally fell into the water while chasing the dog.

79 She got scared when she was in the water. Her feet hurt a little, she will need to rest for a few days. "

80 Grandma said in a small voice: "I don't know what happened to our dog?"

81 Grandpa immediately answered: "You do not need to worry, the dog ran home by itself! "

[82] The doctor told grandma: "This is great, have a good rest! It is only if you have a good rest that you will recover soon"

[83] Then he said to Xiaoyue: "Were you supposed to go to school today? Can you give me your school email address?

[84] I will use my computer later. I want to tell your headmaster about what you did for grandma today, in order to help you justify your absence! "

[85] Xiaoyue smiled and said: "Thank you!"

[86] The doctor replied: "You're welcome!"

[87] After the doctor left, Xiaoyue chatted with the grandparents about her school. Grandpa asked what Xiaoyue was most interested in learning.

[88] Xiaoyue answered mathematics and Chinese. They also asked what books Xiaoyue liked most.

[89] Xiaoyue replied that she liked books related to Chinese culture. She also added: "I recently read a book about animals of the world. It contains many beautiful photos. There are also giant pandas. "

[90] Grandpa asked again: "What are your hobbies?"

[91] Xiaoyue answered: "I not only like painting and traveling, but also swimming. My swimming in particular is not bad. I have been swimming a lot since last year."

[92] Xiaoyue said she was considering studying abroad, when she was older.

[93] At this moment, one of the hospital's kitchen staff came to give grandma her dinner.

[94] The woman announced: "Today's dinner menu is: lamb, rice, eggs, bread, bananas and fresh watermelon. The drinks are: tea, coffee or milk"

[95] She asked the grandma: "What would you like to drink?"

[96] Grandma replied: "Milk, thank you!"

[97] She gave grandma a plate, a bowl and a cup and then left.

[98] Xiaoyue noticed that it was already dark outside, and looked at her watch. It was eight o'clock already, she said to Grandpa: "I'm sorry, it's a little late, I will leave, take care of grandma! "

[99] Grandpa said: "Please wait! We think it was great to meet you today, let's take a picture together! "

100 Grandpa took out his mobile phone, and took a picture with the camera on his phone.
101 Grandpa looked at the photo. Grandma said: "I think you really are a lovely child. Thank you so much for today!
102 We have a son and a daughter, but they don't come to visit often. You can come and visit us often."
103 Xiaoyue smiled and said: "Okay! This is what I should do. "
104 She added: "We live very close from each other, we can meet often in the future! "
105 Xiaoyue put on her hat and tidied her hair, then went to the bathroom to wash her hands.

106 5. Too late

107 Xiaoyue walked out of the hospital. It was already dark, and the moon was already visible. She was very happy to return home.
108 But she thought that her parents might be upset, because she hadn't gone to school, and missed an important Chinese exam. She came back home very late.
109 When Xiaoyue entered her home, her parents were watching their favorite TV program.
110 Xiaoyue said: "Mummy, I'm sorry, I didn't go to school today."
111 Mummy replied: "I know what you mean, and it's fine! Your teacher called my office this afternoon.
112 Although you didn’t go to school today, and it affected your Chinese exam this afternoon, you did nothing wrong, and we are very proud with what you did. "
113 Mom asked Xiaoyue: "You must be tired, aren't you?"
114 Xiaoyue replied: "I'm not tired, I'm thirsty."
115 Mom added: "Tomorrow you have to get up early to go to school. Go to bed early after dinner! By the way, do you remember what day is tomorrow? "
116 Xiaoyue answered with a smile: "Of course I remember! Tomorrow is my birthday! "
117 Mom suggested: "We would like you to eat with us at the restaurant

called 'One million people'. It is the one next to our neighbours' place.
118 Your dad really enjoys their beer. After dinner, we can go to watch a movie!"

119 Xiaoyue answered: " I agree"

120 Mom said: "I might go to the store during my lunch break, to buy your birthday gift and other things. Have you decided what birthday gift you want? "

121 Xiaoyue answered: " I am not sure"

122 Mom said: "The old leather shoes you have been wearing are broken. Would you like to have a new pair? Or a dress? Didn't you mention that you wanted a new dress?"

123 Xiaoyue answered: " Anything would be good, I just don't want it to be too expensive"

124 Mom replied with a laugh: "tl's not expensive, it's fairly affordable! Your father and I can feel that, in addition to your good academic performance, you are a wise and smart child.

125 Your dad and I have a lot of faith in you. We believe in you."

126 She added: "Tomorrow, after your Dad and I are done working, let's go to the restaurant next to your father's office!

127 Right by the hotel close to his office. This restaurant is very famous, the food over there is good.

128 Since tomorrow is your birthday, let's not forget to eat noodles over there! Ok, that's all for today, How much homework do you still have to do? "

129 Xiaoyue replied: "There is not much homework to do, mom. I'll go to my room to study. Good night! "

130 6. Back to school

131 The next morning, which was a Friday, the weather was nice, cloudless, the sky like a blue painting.

132 Xiaoyue decided to go running before school. For the second semester, she was considering improving her running performance and Physical Education level.

133 Her recent scores were not great, she did not run fast enough. She

did not intend to become top of her class, she just wanted to improve.

[134] Xiaoyue picked up her bottle of water, went out of the house, and saw that the night lights on the road had already been turned off.

[135] Xiaoyue ran a total of six or seven kilometers, she finally reached the train station, completed her run and felt very happy.

[136] She was planning to go home, when she saw that the supermarket next to the street corner was selling newspapers. She had three renminbi and used them to buy a newspaper for her dad.

[137] When she arrived home, Xiaoyue told her father that she had bought his newspaper.

[138] Then she sat on a chair, face and ears all red. Today's run had been tiring, and she was hungry. She got breakfast and then felt very full.

[139] After brushing her teeth, Xiaoyue took a shower and was ready to go to school. Usually she took the public bus to go to school, but this morning she intended to walk.

[140] At the moment she was going out, she saw that her mother was doing room-cleaning.

[141] Her mother was not tall, even a little short, she couldn't clean the top of the refrigerator,so Xiaoyue brought a small chair so that her mother could stand on it.

[142] Then she grabbed her books, a notebook and a pencil and put them into her bag, then went out and headed south.

[143] Next to her home were trees as high as a two-storey building, covered by many green leaves. Birds were singing, tweeting sweetly from the trees.

[144] As she got closer to her school, Xiaoyue quickened her pace. After a few minutes, she finally reached school. There were many boys playing basketball together.

[145] Xiaoyue entered the classroom, said hello to her classmates, and saw two Chinese characters "Thank you" written on the blackboard in the middle of the classroom. Then the teacher came in, and said to Xiaoyue and her classmates:

[146] "Hello everyone! Please sit down! Everyone has heard about the recent events. Xiaoyue, you have always been a child who likes to help

others, we are very happy.

[147] To help a grandmother who accidentally fell into the water, you missed your Chinese exam. We understand this is not your fault, and you can take the test again at a convenient time today or tomorrow.

[148] Finally, I want to talk about your last Chinese homework. Although you all are serious and hardworking, you made mistakes in the mutiple choice questions about paragraphs and sentences.

[149] I ask everyone to please try and find your mistakes. Do it again during the weekend. Sometimes you do think the question is easier, but it's even easier to make mistakes.

[150] But today is the birthday of Qian Xiaoyue: Happy birthday to you! "

[151] Xiaoyue said: "It's really nothing, thank you all! "

[152] She felt good in her heart, and thought... What a wonderful life this is!

Learn more with HSK Academy

bit.ly/HSKbooks

➔ The best HSK preparation books: graded readers, vocabulary lists, guides to crack Chinese characters...

www.hsk.academy

➔ HSK level based vocabulary lists, sentences, audio, flashcards, mock exams...

Facebook & Instagram : hsk.academy

➔ HSK daily quizzes, texts extracts, word lists, useful links...

HSK Academy YouTube channel

➔ HSK vocabulary lists on video, audio of the books, tips...

www.ingramcontent.com/pod-product-compliance
Ingram Content Group UK Ltd.
Pitfield, Milton Keynes, MK11 3LW, UK
UKHW021655190726
13853UKWH00001B/272

9 798750 577378